監修者——加藤友康／五味文彦／鈴木淳／高埜利彦

［カバー表写真］
異形異類の者と田楽を踊る北条高時
（『太平記絵巻』第２巻）

［カバー裏写真］
金沢貞顕像
（国宝）

［扉写真］
南山士雲像
（北条高時画）

日本史リブレット人 035

北条高時と金沢貞顕

やさしさがもたらした鎌倉幕府滅亡

Nagai Susumu
永井 晋

目次

北条高時の二つの顔

北条高時《ほうじょうたかとき》(一三〇三〜三三)は、鎌倉《かまくら》幕府の十四代執権《しっけん》(一三一六〜二六年在任)にして、北条氏一門《いちもん》の最後の得宗《とくそう》▲となった人物である。一三三三(正慶《しょうきょう》二)年五月の鎌倉合戦《かっせん》に敗れ、菩提寺《ぼだいじ》東勝寺《とうしょうじ》(現、神奈川県鎌倉市。廃寺)で自害した。高時の連署《れんしょ》として政権運営にあたった金沢貞顕《かねさわさだあき》(一二七八〜一三三三)もまた、東勝寺で共に自害をとげている。『太平記《たいへいき》』▲巻第十「高時 幷《ならびに》 一門以下《いげ》東勝寺ニ於《おい》テ自害ノ事」には、彼らの最期が詳しく伝えられている。当事者は自害したので、京都や地方に残る一族に最期の姿を伝えるべく走らせた長崎高綱《ながさきたかつな》▲の使者が伝えた話が収録された可能性が高いだろう。

鎌倉幕府の主導者として、北条高時が滅亡の責任をおうことはまちがいない。

▼得宗　二代執権北条義時《よしとき》の法名「徳崇《とくすう》」に由来する北条氏本家《ほんけ》の通称。五代執権北条時頼《ときより》が、一二四六(寛元《かんげん》四)年の宮《みや》騒動、四七(宝治《ほうじ》元)年の宝治合戦に勝利して成立させた北条氏主導の政治体制を得宗専制と呼ぶ。北条氏本家の領地を得宗領と呼んでいる。

▼『太平記』　後醍醐天皇の即位(一三一八年)から細川頼之《ほそかわよりゆき》の執事《しつじ》補任(一三六七年)にいたる鎌倉末・南北朝《なんぼくちょう》の内乱を叙述した軍記物語。編者は南朝に近い児島法師《こじまほうし》と伝えられるが、増補や加筆が幾度となく行われて今日にいたったと考えられる。

▼長崎高綱　?〜一三三三年。長崎光綱《みつつな》の子。北条家の家政機関を主導する得宗家執事をつとめるとともに、北条高時の後見人として鎌倉幕府で主導的な役割を果たした。一三三三(正慶二)年五月の鎌倉合戦で、北条高時とともに東勝寺で自害した。

高時とともに政権を主導した連署金沢貞顕も、滅亡の責任をおうことはまぬがれない。貞顕は能吏であり、現在の横浜市金沢《かなざわ》区にあたる六浦荘《むつらのしょう》を発展させた名君であったが、幕府の主導者として滅亡への道を回避させられなかったことの責任はあるといってよい。

この二人が興味深いのは、異なった立場から書き残された資料が残ることである。鎌倉幕府を滅ぼして建武新政《けんむのしんせい》をなしとげた後醍醐《ごだいご》天皇▲を英邁《えいまい》な君主《くんしゅ》と持ち上げる『太平記』が、外の立場から書かれた記述の代表格とすると、金沢氏の菩提寺称名寺《しょうみょうじ》（現、横浜市金沢区）に伝来した『金沢文庫古文書《かなざわぶんここもんじょ》』が、鎌倉幕府の内側から書かれた記述の代表格といえよう。

鎌倉後期の政局は、後醍醐天皇が建武新政を成立させる過程を叙述する軍記物語と、鎌倉幕府が体制維持につくして滅亡していく衰亡の過程をものがたる古文書の二つが豊かな歴史叙述を可能とする。本書は、性格の異なる二つの歴史像から導きだされる人物像の対比を手始めに、衰退期の鎌倉幕府を主導した北条高時・金沢貞顕の実像に迫りたいと考える。

▼**後醍醐天皇**　一二八八〜一三三九年。後宇多《ごうだ》天皇の皇子。嫡流の後二条《ごにじょう》天皇から東宮邦良親王《とうぐうくによししんのう》への中継ぎとして即位したが、一《いちの》宮尊良《みやたかよし》親王に皇位を譲りたいと考え、大覚寺統《だいかくじとう》を混乱させた。後醍醐天皇が大覚寺統を割って吉野につくった政権が南朝である。

①——二つの高時像

滅ぼした側の高時像

明治時代になって、日本は「帝《みかど》」の国から天皇▲を国王とした立憲君主制《りっけんくんしゅせい》国家に国制を改めた。それにともない、日本国の歴史も朝廷の六国史《りっこくし》から水戸藩《みとはん》の『大日本史《だいにほんし》』にいたる中国正史《せいし》に体裁をならった史書《ししょ》や『吾妻鏡《あずまかがみ》』『百練抄《ひゃくれんしょう》』から『徳川実紀《とくがわじっき》』『続史愚抄《ぞくしぐしょう》』にいたる天皇・将軍の年代記から、天皇家の神話と欧米の近代歴史学とが混淆《こんこう》する独特の歴史学へと生まれ変わっていった。

この近代天皇制国家の正統性を主張する歴史叙述のなかで、高時《たかとき》がどのように語られたかを大正デモクラシーの時代の教科書からみてみよう。

まず、『中等学校　新体国史教科書』「第三編第一期第七章之一　正中《しょうちゅう》の変《へん》」(大森金五郎編著、三省堂、一九二二年)である。

後醍醐《ごだいご》天皇は、英邁《えいまい》な御方《おかた》であらせられたから、北条《ほうじょう》氏が専横で、皇位の継承にまで干渉するのをお憤りになり、早くから、政権を恢復《かいふく》しようといふ御志があらせられた。幸にも、幕府は元寇《げんこう》以来、次第に人心を失った

▼**帝と天皇**　帝は、和訓《わくん》による日本国王の表記。天皇は、漢語による表記。帝は日本を守護する神仏と交感したり、神事・仏事を行って国を豊かにする宗教的な国王で、神の代理人として地上の世界をおさめた中国の皇帝とは性格が異なる。近代の天皇は欧米列強の皇帝に模している。

のに加へて、時の執権《しっけん》高時は、暗愚《あんぐ》で、闘犬や田楽《でんがく》などの遊楽に耽《ふけ》り、少しも政治に勤めなかったので、人心益々離れて、はては叛《そむ》く者さへあったのである。

この記述は、『太平記《たいへいき》』巻第五「相模入道《さがみにゅうどう》田楽ヲ弄《もてあそ》ビ、并《ならびに》闘犬ノ事」にみえる高時像が下敷きである。この段では高時が異形異類《いぎょういるい》の者とともに「天王寺《てんのうじ》ノヤヨウレボシ《(妖霊星)》ヲ見バヤ」と囃《はや》しながら踊ったことに対し、藤原南家《ふじわらなんけ》の学者藤原仲《なか》範《のり》が妖霊星は亡国の予徴《よちょう》としてあらわれるものであり、『聖徳太子未来記《しょうとくたいしみらいき》』▲を伝える天王寺から動乱が始まって国が滅びるであろうと理解し、鎌倉幕府の滅亡を明言した。文章道博士家《もんじょうどうはかせけ》である南家は、六代将軍宗尊親王《むねたかしんのう》の侍読《じとう》として藤原茂範《もちのり》が鎌倉にくだってから将軍付きの学者をつとめた。仲範は、予徴の読解者として適任といえる。

この段は、北条高時が田楽・闘犬に熱狂したことを暗君の証明とし、これに続く「時政《ときまさ》榎嶋《(江島)》ニ参籠《さんろう》ノ事」は江島弁才天《えのしまべんざいてん》▲が北条時政に対して七代の加護を約束したので、弁天の加護は高時の父貞時《さだとき》の代で切れたと記す。江島弁才天の加護が切れたうえに暗君として振る舞ったのだから、高時は滅ぼされて当然と主張

▼**未来記**　中世に流行した予言書。『太平記』には、楠木正成《くすのきまさしげ》が天王寺で披見した『聖徳太子未来記』と、観応の擾乱の前に雲景が体験した異界の記録「雲景未来記」が登場する。

▼**江島弁才天**　一一八二(寿永《じゅえい》元)年、源頼朝《みなもとのよりとも》の発願《ほつがん》により、文覚《もんがく》は竹生島《ちくぶじま》弁才天を勧請《かんじょう》(分霊してあらたな社《やしろ》をつくること)した。江島は、鎌倉で生じた穢を祓う七瀬御祓《ななせのおはらい》の祭場となった。

している。これはあくまでも『太平記』の解釈であり、それをそのまま踏襲して、亡国の予徴▲を顧みなかった暗君北条高時の実像を反映したものと解釈することが正しいのか否かは、他の史料と対比することで明らかになっていく。

北条氏からみた高時像

『金沢文庫古文書《かなざわぶんここもんじょ》』は、一九三〇(昭和五)年に北条氏の一門《いちもん》金沢《かねさわ》氏の菩提寺《ぼだいじ》称名寺《しょうみょうじ》▲で発見された古文書である。この古文書は、(1)称名寺が古文書として伝えてきた文書群、(2)寺院の権威を示す聖教《しょうぎょう》と一括で保存された寺院経営・荘《しょう》園《えん》経営に関する文書群、(3)聖教の紙背文書《しはいもんじょ》▲に分けられる。

(1)は称名寺の寺宝として伝えられた文書群であるが、(2)と(3)は寺院の権威を示す聖教を守るために払われた努力の結果として残ったものである。(2)と(3)は残すべく選別されたものではないため、同時代人がもっていた感覚や本音といった生の情報を伝えるものを含んでいる。

金沢氏は、二代執権北条義時《よしとき》▲の子実泰《さねやす》から分かれた北条氏の分家で、武蔵国《むさしのくに》久良岐郡六浦荘《くらきぐんむつらのしょう》を本領とする。六浦荘金沢郷に館《やかた》と菩提寺称名寺と山城《やましろ》とを併

▼**予徴**　中国で形成された天と人との関係を説く神秘説の用語。天があらかじめ示す徴である。神秘説には、儒教の天人相関説と讖《しん》緯《い》思想の天人感応説《かんのうせつ》がある。

▼**称名寺**　横浜市金沢区にある北条氏一門金沢氏の菩提寺。北条実時が、後深草《ごふかくさ》天皇即位のころに浄土教《じょうどきょう》寺院として創建し、一二六七(文永《ぶんえい》四)年に審海《しんかい》を迎えて西大寺《さいだいじ》流の律《りつ》院に改めた。

▼**紙背文書**　典籍や聖教の料紙《りょうし》の裏面に残った古文書。文書の裏面を典籍・聖教の書写に再利用したことから今日に伝わった。

▼**北条義時**　一一六三〜一二二四年。鎌倉幕府の二代執権。通称は江間《えま》。姉の北条政子《まさこ》とともに鎌倉幕府を主導した。

設した複合区画を構えて本拠地とした。また、鎌倉の鶴岡《つるがおか》八幡宮近くの赤橋《あかはし》に館を構えたことから、赤橋殿《どの》の通称で呼ばれていた。

金沢氏四代の貞顕《さだあき》は、十三代執権北条基時《もととき》▲・十四代執権北条高時の連署《れんしょ》をつとめたのち、一三二六(嘉暦《かりゃく》元)年に十五代執権に就任した。連署は執権とともに将軍家の裁可を受けて鎌倉幕府の公文書に署判をすえる重職で、執権・連署を両執権と表現することから、副執権といいなおせば理解しやすいだろう。

北条高時政権の首脳部として政権運営に携わった貞顕は、さまざまな情報を書状にしたためて一族や関係者に伝えていた。嫡子貞将《さだゆき》や称名寺二世長老釼阿《けんあ》▲に宛てた書状、貞将が煕允《きいん》▲(釼阿の後継者、五世長老什尊《じゅうそん》)に宛てた書状も残されており、その内容から鎌倉幕府の内情がうかがえる。高時が病弱で禅《ぜん》に関心をよせていたといった個人的なことから、一門の総帥としてみせた姿まで、北条氏を滅ぼした側の視点に立つ『太平記』の人物像と対峙するものである。

ところで、神奈川県立金沢文庫では、鎌倉の武家《ぶけ》社会を解明していくことを社会的使命とし、その研究成果を資料集・展示図録・論文で公表してきた。

この活動は、戦前の皇国史観《こうこくしかん》的な価値観とも、戦後のマルクス主義歴史学的

▼北条基時　一二八六〜一三三三年。鎌倉幕府の十三代執権(一三一五〜一六年在任)。連署北条業時《なりとき》の孫。普恩寺を創建したことで、普恩寺殿と呼ばれる。最後の六波羅探題北条仲時《なかとき》の父。

▼釼阿　一二六一〜一三三八年。金沢貞顕の腹心として活動し、一三〇八(延慶《えんきょう》元)年に称名寺長老に就任。仁和《にんな》御流《ごりゅう》を継承したり、称名寺を修造したりと、称名寺の発展につくした。彼の書写した聖教の紙背に、金沢貞顕書状が数多く残る。

▼煕允　?〜一三七三年。金沢貞将と親交のあることから、釼阿の後継者と考えられる人物である。改名して、什尊となる。称名寺五世長老。煕允所持本の紙背には、金沢貞顕・貞将父子の書状が多く残る。

北条高時(『太平記絵巻』第２巻) 『太平記』巻第５「相模入道田楽ヲ弄ビ，幷闘犬ノ事」を描いた一段。田楽法師と思い込んで異形異類の者と踊る姿は，暗君北条高時の姿を象徴している。

北条高時(湯口聖子『夢語りシリーズ５　風の墓標』) 北条高時は戦さ続きの陰鬱な雰囲気を晴らそうと田楽を催したが，周囲の顰蹙《ひんしゅく》を買って考え込む。世間知らずのお坊ちゃま北条高時の人物像を彷彿とさせる。

な価値観ともなじみの薄いオイルショック以後の世代に受け入れられた。北条氏や鎌倉を愛するカマクラーと呼ばれるマニアが小説やコミックの世界から形成されたこともあって、『太平記』的な北条高時像の払拭《ふっしょく》が進んでいる。

この世代にとっての北条高時の原像は、漫画家湯口聖子氏の『夢語りシリーズ5　風の墓標』(秋田書店、一九八九〜九一年)やNHKの大河ドラマ『太平記』であり、病弱でどこか虚無的な名門の当主といったイメージが定着している。

鎌倉時代を終らせた後醍醐天皇

病弱で穏和な北条高時のイメージは、後宇多上皇《ごうだじょうこう》▲主導の大覚寺統《だいかくじとう》、後伏見《ごふしみ》上皇▲主導の持明院統《じみょういんとう》、北条高時主導の鎌倉幕府という三者が、後嵯峨院政《ごさがいんせい》と北条時頼《ときより》政権とのあいだでつくりあげた協調体制の枠組みのなかで協調と抗争を繰り返した鎌倉時代中・後期の政治体制のなかで受け入れられていた。この三者のなかに主流・反主流はあっても、社会体制そのものを壊そうと考える異端児はおらず、体制の枠内での権力抗争が繰り返されることになる。

後醍醐天皇は、大覚寺統の後宇多上皇の庶子として誕生し、後二条《ごにじょう》天皇▲か

▼**後宇多上皇**　一二六四〜一三二四年。亀山《かめやま》天皇の第二皇子。後二条・後醍醐二代の治世に院政を行った。一三二一(元亨《げんこう》元)年に政権を後醍醐天皇に譲り、後醍醐天皇親政《しんせい》が始まった。

▼**後伏見上皇**　一二八八〜一三三六年。伏見《ふしみ》天皇の第一皇子。花園・光厳の二代の治世に院政を行った。鎌倉幕府と協調して一三三一(元徳三)年に光厳天皇の践祚《せんそ》を実現した。

▼**後二条天皇**　一二八五〜一三〇八年。後宇多天皇の嫡子。一三〇八(延慶元)年に急逝したことが後醍醐天皇の台頭を招き、大覚寺統が分裂する要因となった。

ら東宮邦良《とうぐうくによし》親王▲への中継ぎとして即位した。大覚寺統と持明院統から交互に天皇をだすことを取り決めた両統迭立《りょうとうてつりつ》のもとでは、院政を続けるためには嫡流だけで天皇をつなぐことがむずかしくなり、それぞれの皇統は、治天《ちてん》の君《きみ》▲として政権を主導することになる嫡子と一代かぎりの中継ぎとなる庶子との区別をもうけ、天皇家は嫡系によって継承されていくことにした。こうして即位した中継ぎの天皇が、大覚寺統の後醍醐天皇と持明院統の花園《はなぞの》天皇▲である。

学者天皇として知られた花園天皇は甥の量仁《かずひと》親王（即位して光厳《こうごん》天皇）の教育に精力をそそいだが、後醍醐天皇は一宮尊良《いちのみやたかよし》親王に皇位を継がせようとして嫡系の東宮邦良親王と対立した。この対立は大覚寺統内の派閥抗争に発展し、後醍醐天皇の在位が一〇年をすぎたころから、持明院統が花園天皇の在位期間一〇年の先例にならって譲位を求めたことで事態はいっそう混迷した。しかし、後醍醐天皇が手練手管をつくして譲位を先延ばししたことから、鎌倉幕府は大覚寺統からも持明院統からも後醍醐天皇譲位をうながすよう介入を求められた。既存の三勢力をすべて敵にまわす形になった後醍醐天皇は、現体制そのものを破壊する真の反主流への道をあゆみはじめ、網野善彦氏が『異形の王権』で描写

▼邦良親王　一三〇〇～二六年。後二条天皇の第一皇子。文保《ぶんぽ》の和《わ》談《だん》で立太子《りったいし》した。大覚寺統の嫡流であったが、後醍醐天皇が皇位に居座ったため、東宮のまま一三二六（正中三）年に薨去《こうきょ》した。

▼治天の君　天皇家の家長《かちょう》として、国政を主導する者をさす。天皇親政のときは天皇自身、天皇家の家長が院政を行う場合は院が治天の君となった。大覚寺統では亀山・後宇多・後醍醐、持明院統では後深草・伏見・後伏見が治天の君となった。

▼花園天皇　一二九七～一三四八年。伏見天皇の皇子。後二条天皇の次に即位し、伏見・後伏見院政の権原となる中継ぎの天皇をつとめた。持明院統の後継者である甥の量仁親王（光厳天皇）の教育に熱意をそそいだ。

した異端の天皇のイメージどおりに、正統な天皇の姿から逸脱していくことになる。

その後醍醐天皇が最大の敵とみなすようになったのが、骨肉相食《は》む関係にある大覚寺統嫡流ではなく、体制維持の抑止力の役割を果たしていた鎌倉幕府であった。後醍醐天皇の挙兵に当初から参加した武士は、院政・鎌倉幕府の協調体制と衝突して悪党《あくとう》のレッテルを貼られた畿内《きない》・西国《さいごく》の新興勢力や、鎌倉幕府の御家人制《ごけにんせい》の枠組みにはいれなかった在地の勢力であった。

後醍醐天皇は、現体制と衝突したり、現体制から頭をおさえられている人びとを味方につけることで、体制破壊の道をあゆんでいった。この後醍醐天皇とその支持勢力が失政として喧伝したものが、『太平記』に描かれた北条高時像の原像と考えてよいだろう。以下、『太平記』の北条高時像がどこまで事実を伝えているかを検証したうえで、北条高時の実像に迫っていくことにする。

『太平記』と『増鏡』

『太平記』巻第五「相模入道田楽ヲ弄ビ、幷闘犬ノ事」の段は、儒教《じゅきょう》の天人相関《てんじんそうかん》説《せつ》を用いて高時が鎌倉幕府の命運をつきさせた暗君であると説き、続く「時政榎嶋ニ参籠ノ事」の段は、北条時政が江島弁才天とのあいだに取りつけた七代加護の約束が貞時の代で期限が切れると説明する。

この二段構えの説明で、読者は高時の代に鎌倉幕府が滅亡することを知らされる。一方、後醍醐天皇は『太平記』の冒頭で英主醍醐《だいご》天皇にならおうとする英邁な君であると説明済みである。英邁な後醍醐天皇が暗君北条高時を滅ぼすことで新しい時代の幕を開くというのが、『太平記』の構図である。

『太平記』の北条高時像は、儒教が説く末代の暗君、鶴に耽溺《たんでき》して人心を失い、異民族狄《てき》の侵入を防げなかった衛《えい》の懿公《いこう》▲のような人物に原像が求められるのであろう。ただ、江戸時代の挿絵本『太平記』などをみると、殷《いん》の紂《ちゅう》王や夏《か》の桀《けつ》王▲のような活動的な暴君へと人物像の変容をみせている。

つぎに、北条高時が田楽・闘犬を愛好したことの是非をみていこう。

『増鏡《ますかがみ》』▲第十五「むら時雨《しぐれ》」には、「相模守高時といふは、病によりて、いまだ若けれど、一年入道して、今は世の大事どもいろはねど、鎌倉の主にてはあめり、心ばへなどもいかにぞや、うつゝなくて、朝夕好む事とては、犬くい・田

▼衛の懿公　?～前六六〇年。春秋戦国時代の衛国の君主。『春秋左氏伝』に、鶴に耽溺して国政を乱し、北狄との戦いに敗れて捕えられ、処刑されたことが記される。「懿公愛鶴」は『古今著聞集』に収録されている。

▼殷の紂・夏の桀　夏の桀王(履癸《りき》)・殷の紂王(帝辛《ていしん》、BC一一〇〇年前後)は、有能であるがゆえに国を傾けた中国の伝説的な暴君。儒教から徹底的に指弾された。

▼『増鏡』　古老の昔語りの形式で歴史を叙述した鏡物の一つ。嵯峨《さが》の清涼寺《せいりょうじ》に参詣した尼が後鳥羽院の誕生(一一八〇年)から後醍醐天皇の京都帰還(一三三三年)までを昔語りする形式をとる。

楽などをぞ愛しける」と書かれている。意味をとると、「相模守北条高時は去年病に倒れて出家《しゅっけ》をとげ、政事からは身を引いたが、鎌倉の主として振る舞っていた。しかしながら、大病から回復したあとも夢現《うつつ》の日々が続き、体調のよいときには朝夕田楽・闘犬などを楽しんでいた」ということになる。高時が田楽・闘犬を愛好したことについては『太平記』と一致しているが、高時の愛好が執権を退いた一三二六(嘉暦元)年以後であること、恢復したものの「ゆめうつつ」の日々が続き、体調のよいときに田楽・闘犬などを楽しんでいたことなど限定がついている。『増鏡』と比較するだけでも、『太平記』に悪意の誇張と喧伝の嫌疑をかけることができる。

鎌倉の田楽

北条高時と田楽の関係を考える前に、鎌倉の田楽を確認しておこう。

鎌倉幕府最大の年中行事鶴岡放生会《つるがおかほうじょうえ》▲では、早くから八月十六日の馬場儀《ばばのぎ》に「神子《みこ》田楽馬場など常々の如しと云々」(『吾妻鏡』寛元《かんげん》三〈一二四五〉年八月十六日条)と田楽の行われたことが記されている。将軍守邦《もりくに》親王の服喪によって自粛

▼**鶴岡放生会**　八月十五日・十六日の二日間で行われる鎌倉幕府最大の年中行事。八月十五日は神事主体で、八月十六日は流鏑馬神事をはじめとした芸能主体で行われ、都市鎌倉の豊饒《ほうじょう》を祈願する祝祭の性格が強い。

のかかった一三二九(元徳《げんとく》元)年の鶴岡放生会でも、「十六日者《は》田楽相撲《すもう》等計《ばかり》にて候けるよし承候」(金沢貞顕書状『金沢文庫古文書』三四八＋四〇〇号)と田楽が行われていた。八月十五日・十六日の二日間にわたって行われる鶴岡放生会は、十五日に将軍家の上宮参拝を中心とした神事《しんじ》主体の儀式が行われ、十六日には流鏑馬《やぶさめ》を中心とした武家政権の豊饒《ほうじょう》を予祝する祭礼が行われた。田植えの豊饒を予祝する農耕儀礼として始まった田楽は、武家の都《みやこ》鎌倉の繁栄を祝う神事として放生会に組み込まれたのであろう。

鎌倉には田楽法師の住む田楽辻子《ずし》の地名が生まれ(『吾妻鏡』嘉禄《かろく》三〈一二二七〉年正月二日条)、一三五四(文和《ぶんな》三)年五月には石松《いしまつ》法師という田楽法師がなくなったと『常楽記《じょうらくき》』▲は記している。田楽が鶴岡八幡宮神事と関係したことから、園《おん》城《じょう》寺《じ》と結びつきのある本座《ほんざ》白川《しらかわ》田楽座がはいってきた可能性が考えられる。

北条高時と田楽との関係を伝えるのは、一三三〇(元徳二)年の東大寺《とうだいじ》手掻会《てがいえ》▲に参仕する田楽役者選任の一件である。この年、座の兄部《このこうべ》に昇進を希望する知辺《ちへん》法師は高時に書状を送り、鎌倉幕府の後押しを求めた。依頼を受けた高時は、連署北条茂時《しげとき》を通じて将軍家の御意《ぎょい》をえたのち、得宗家《とくそうけ》の在京被官安東円《ひかんあんどうえん》

▼**『常楽記』**　醍醐寺釈迦院《だいごじしゃかいん》の周辺と推測される点鬼簿《てんきぼ》。鎌倉時代から室町時代にかけて、京都・鎌倉の要人や関係者と推定される人びとの死亡記事が列記される。

▼**手掻会**　東大寺鎮守《ちんじゅ》手向山《たむけやま》八幡宮が九月三日に行った祭礼で、東大寺転害門《てがいもん》を御旅所《おたびしょ》としたところから手掻会と呼ばれるようになった。転害門は、中国から輸入した碾磑《てんがい》(石臼)のおかれた碾磑門が訛《なま》ったものである。

恵《え》（俗名助泰《すけやす》）▲に鎌倉の意向を伝えた。円恵は、六波羅探題《ろくはらたんだい》▲金沢貞将に得夜叉《とくやしゃ》・藤《ふじ》夜叉の東大寺手掻会装束の手配を依頼するとともに、東大寺の三位僧都《さんみのそうず》に鎌倉の意向を伝達している。

　鎌倉の申入れに対し、東大寺大衆《だいしゅ》は満山の意思として権門《けんもん》の介入は排除すること、田楽法師は器量に基づいて人選を行うことを決議した。知辺から相談を受けた高時が後押ししたことが、南都《なんと》大衆には介入と映って不快感をあたえたのであろう。この一件によって南都は高時を仏敵として非難したので、南都から田楽に関する悪評が発信されたと考えることができる。

　このような事件に鎌倉幕府や北条氏が関与することは、朝廷が大覚寺統と持明院統に分裂してから頻発するようになっていた。天皇家が二流に分かれ、公《く》家《げ》政権内部で意見対立や派閥抗争が激しくなったためである。京都の政局が勢力均衡に陥って自前で解決できなくなると、キャスティング・ボードを握る存在として鎌倉が注目され、鎌倉を味方に抱き込もうと使者が続々とくだってくるようになった。『増鏡』はこの状況を「競馬《くらべうま》」と揶揄《やゆ》したが、鎌倉幕府に介入の意思があるのであれば京都にとっては憂慮する事態となったはずである。しか

▼**安東助泰**　一二八五〜一三四三年。駿河《するが》国安東《あんどう》郡を名字の地とする得宗家の在京被官。京都の五《ご》条《じょう》に館を構えたことから、五条殿と呼ばれた。肖像画「安東円恵像」（奈良国立博物館蔵）が伝わっている。

▼**六波羅探題**　承久《じょうきゅう》の乱《らん》後に、鎌倉幕府が京都の治安回復と朝廷の復興支援のために設置した出先機関。当初は占領軍として京都を支配したが、洛中《らくちゅう》警固・勅令《ちょくれい》施行・西国成敗《さいごくせいばい》などの仕事を行う出先機関に発展した。

し、鎌倉は競馬を迷惑と思っていたのだから、競馬の主体は京都にある。
鎌倉時代から南北朝《なんぼくちょう》時代にかけて田楽が流行したことは、一三三四（建武《けんむ》元）年八月に鴨川《かもがわ》の河原に立てられた二条河原落書《らくしょ》▲にも「犬田楽ハ関東ノ、ホロフル物ト云ナカラ、田楽ハナヲハヤル也」と書かれていたことからもわかる。この落書は、武家の都鎌倉での闘犬や田楽の流行が鎌倉幕府滅亡の要因の一つであると批判しておきながら、建武政権下の京都で田楽はさらに流行していたという。足利尊氏《あしかがたかうじ》▲や室町《むろまち》幕府の有力者が田楽を愛好したことは、『太平記』巻二十七「田楽事、附《つけたり》 長講堂《ちょうこうどう》見物事」で、「興ぜらるる事また無類」と批判の対象とされていることから明らかである。この段は、続く「雲景《うんけい》未来記事《みらいきのこと》」とあわせ、観応《かんのう》の擾乱《じょうらん》の予徴として語られている。

　高時も後醍醐天皇も足利尊氏も田楽を愛好したが、過熱する田楽の流行をとめられなかった当時の社会状況を考えることも必要である。鎌倉時代後期から寒冷化が著しくなって東国《とうごく》の生産力が落ちたこと、戦乱によって国土が荒廃したことを思い起こす必要があろう。神仏の加護によって栄える国と規定された中世日本で、日々の生活の豊かさを願う人びとが豊饒を願う祭礼田楽にすがる

▼二条河原落書　一三三四（建武元）年八月に、京都の二条河原に立てられた落書。「此比《このごろ》都ニハヤル物」で始まり、混乱をきわめる建武政権の実態と矛盾を厳しく風刺している。

▼足利尊氏　一三〇五～五八年。足利氏の惣領足利貞氏《さだうじ》の子。金沢貞顕の姉を母とする嫡子高能《たかよし》の早世によって、家督を継いだ。元弘《げんこう》の変《へん》では、上洛《じょうらく》軍の大将軍として入京したが、後醍醐天皇方について六波羅探題を攻撃した。

のも自然な成り行きといえよう。高時個人についていえば、彼が田楽を愛好したことを否定する史料はない。しかし、国を傾けるほどに熱狂したのかといえば、暴君となるほどの気力も体力もないと考えるほうが事実に近い。

高時と闘犬

『太平記』のなかで、「闘犬」は「犬合わせ」と記されている。平安《へいあん》時代の「貝覆《かいおお》い」などに始まる「合わせ物」と呼ばれる遊技の一種として、「犬合わせ」が始まったのであろう。

日本の犬は、縄文《じょうもん》時代に長江《ちょうこう》文明の文化圏から移入された家畜犬(南方系)が最初で、弥生《やよい》時代には朝鮮半島経由で北方系の家畜犬がはいってきた。ただ、神祇官《じんぎかん》▲と陰陽道《おんようどう》▲の祭祀が中心となって天皇を禁忌につつまれた神聖な世界に囲い込んだ十世紀以降、動物の死体は穢《けがれ》として神聖な空間から遠ざけられるようになった。犬は六畜《りくちく》といわれた「馬・牛・羊・豕《いのこ》・犬・鶏」の一つで、清浄な空間を維持するための規定服忌令《ぶっきりょう》▲では犬の死骸が屋敷内で発見されると五日間の触穢《しょくえ》が適用され、物忌札《ものいみふだ》を立てて謹慎することになった。犬に噛みつきあわ

▼**神祇官**　神祇官は、朝廷の神祇祭祀を主催すること、朝廷が奉《ほう》幣《へい》使を派遣する二二社と諸国の一宮以下の神社を管理すること、亀《き》卜《ぼく》に代表される占いやまじないを実施することなどを仕事とした。

▼**陰陽道**　広い意味では朝廷の陰陽寮が所管とした天文《てんもん》道・暦《れき》道・陰陽道の三種の技術をさすが、狭い意味では三道のなかの陰陽道のみをさす。陰陽道には、陰陽道祭と呼ばれる祭祀や、式占《ちょくせん》に代表される陰陽道の占いやまじないがある。

▼**服忌令**　神祇官や神社が、神事を行う空間を清浄に保つために定めた規則。鶴岡八幡宮は、石清《いわし》水《みず》八幡宮・園城寺を先例とした服忌令を作成した。

▼**九条頼経**　一二一八～五六年。鎌倉幕府四代将軍。摂政《せっしょう》九条道家《みち》《いえ》の子。三代将軍源実朝《さねとも》の後継者として、鎌倉殿を継承した。鎌倉幕府の首長《しゅちょう》として、将軍御所の政事を行った。北条時頼と対立して宮《みや》騒動(一二四六年)で失脚した。

笠懸犬追物屛風　住吉広行《すみよしひろゆき》が描いた屛風《びょうぶ》。殺傷力の高い戦闘用の矢と、儀式や遊技で使う矢は区別されていた。

せる犬合戦は触穢を発生させる可能性のある遊びで、京都の公家の感覚としてはいまわしいものと映ったのであろう。

鎌倉の武家に流行した犬追物《いぬおいもの》も、辟邪《へきじゃ》の儀礼で用いる引目矢《ひきめのや》を使い、急所を射ることを禁じたため、その場で犬を射殺することはなかった。鎌倉幕府も摂《せっ》関家《かんけ》出身の四代将軍九条頼経《くじょうよりつね》▲以後は将軍御所《ごしょ》の禁忌が厳しくなり、御所に出仕する武家や御家人は服忌令を意識していた。武士は鷹狩りなどの狩猟を好んでいたが、獲物を食すると、鹿食《ししくい》の禁忌八〇日ないし一〇〇日が適用されるため、鎌倉の街に常駐して将軍御所に出仕する人びとは肉食を制限するようになっていた。武士が血を忌《い》むのは矛盾しているが、将軍家が神仏の守護を受けるために清浄な身体を保たなければならない体制のもとでは、将軍家の側で仕事をする人びともまた清浄を保たなければならなかった。

この社会状況をみると、一〇〇匹を超える犬を敵味方に二つの陣に分けて嚙みあわせる北条高時の犬合わせは、きわめて異様な遊びである。谷口研吾氏は、『犬の文化史』で高時の犬合わせを日本における闘犬の初見と述べている。禁忌を遠ざける公家社会では、『太平記』に記された犬合わせのような遊びをしないだろう。同様に、鎌倉を守護するために神仏と向かいあう将軍守邦親王▲の側に出仕する人びとも、禁忌を招きかねない犬合わせはひかえなければならない。口頭で説明して将軍の判断をあおぐ執権・連署が、犬合わせを理由に五日間の自宅謹慎の休暇願をだせるわけがなく、禁忌の制約を破る危険性をもつ犬合わせを催すことはできないと考えたほうがよい。

ここで、『増鏡』を思いだしてみよう。高時が犬合わせを好んだのは出家後なので、執権職を退いている。彼の館は相模国山内荘《やまのうちのしょう》の山内殿で、「鎌倉中《かまくらじゅう》」と呼ばれた政所《まんどころ》管轄下の鎌倉市街地からはずれている。公職を離れ、かつ鎌倉の外で犬合わせが催されたのなら、高時個人の愛好として処理して問題ない。

『太平記』巻第一「後醍醐天皇御治世ノ事、附武家繁昌ノ事」は、高時の乱政を「衛ノ懿公ガ鶴ヲ乗セシ楽《たのしみ》早《はや》尽キ、秦《しん》ノ李斯《りし》ガ犬ヲ牽シ恨、今ニ来ナントス」と批判する。犬のために輿《こし》を用意したり、絹織物を着せたりという一節は、『春秋左氏伝《しゅんじゅうさしでん》』▲閔公《びんこう》二(前六六〇)年冬十二月条の「懿公愛鶴」を原話としている可能性が高い。懿公は士大夫《しだいぶ》の乗る車に鶴を乗せたというが、高時も犬に対して、騎乗の許された者のみに許される輿に乗せたり、五位以上の者に許される織物

▼**守邦親王**　一三〇一〜三三年。鎌倉幕府九代将軍。八代将軍久明《ひさあき》親王の皇子。一三〇八(延慶元)年に征夷大将軍《せいいたいしょうぐん》の宣下《せんげ》を受け、鎌倉幕府滅亡まで在職した。鎌倉幕府が滅亡すると出家をとげ、一三三三(正慶《しょうきょう》二)年八月十六日に薨去した。

▼**『春秋左氏伝』**　魯《ろ》国の歴史を記した『春秋』の注釈書の一つ。魯国の左丘明《さきゅうめい》の撰述と伝えられるので、『春秋左氏伝』という。史話を多く収録しているところに特徴がある。

の衣を着せたりと、身分の象徴を使わせたという。事実であれば、犬より下位の待遇を受ける御家人の反発は必至といえる。「懿公愛鶴」は『古今著聞集《ここんちょもんじゅう》』▲にも収録された説話なので、高時の闘犬愛好を誇張する素材に使われたといえる。

北条高時が『太平記』に記されたような犬合わせを行いえたかと問われれば、将軍家を護る禁忌が適用される鎌倉中では「否」である。しかし、山内殿に退いたあとであれば可能といえる。公家社会の人びとが犬合わせをおぞましいと考えたのは、犬合わせが禁忌として血を忌む公家社会から嫌悪されたためである。北条高時が愛好したのが田楽だけであれば、高時に対する批判を一方的なものと反論して問題ない。高時に暗君のイメージがかぶせやすいのは、公家社会がおぞましいと考えた犬合わせを好んだためである。

『太平記』が語らないこと

ここで、金沢貞顕に登場してもらおう。

金沢貞顕は、北条貞時《さだとき》が信頼をおいた宿老《しゅくろう》北条顕時《あきとき》▲の子、六波羅探題南《みなみ》方《かた》・三番引付頭人《ひきつけとうにん》▲・六波羅探題北方《きたかた》をへて十三代執権普恩寺基時《ふおんじもとどき》の連署に就任

▼**『古今著聞集』** 一二五四(建《けん》長《ちょう》六)年に橘成季《たちばなのなりすえ》が撰述した説話集。七二六段の説話を、三〇の編目に分類して配列する。「懿公愛鶴」の説話は、巻第三十の「魚虫禽獣」に収録される。

▼**北条顕時** 一二四八〜一三〇一年。北条実時の嫡子。得宗北条貞時の信頼を獲得、金沢氏全盛時代の基礎を築いた。

▼**引付頭人** 訴訟における引付は、訴陳状《そちんじょう》の引合わせ、式目《しきもく》・新制・追加法・事書といった法令との照合、判例法の調査などの手続きをいう。引付頭人が首席となり、評定衆《ひょうじょうしゅう》・引付衆・引付奉行人《ぶぎょうにん》以下の職員がおかれた。

し、一三一六(正和《しょうわ》五)年には十四代執権北条高時の連署に留任した。実時《さねとき》の孫で、嘉元《かげん》の乱《らん》▲(一三〇五年)で討たれた連署北条時村《ときむら》▲の娘婿である。

北条氏の分家には、三代執権北条泰時《やすとき》の連署北条時房《ときふさ》の一流大仏《おさらぎ》家、五代執権北条時頼の連署として鎌倉幕府の全盛時代を謳歌した北条重時《しげとき》の末流の赤橋家と塩田《しおた》家、七代執権北条政村《まさむら》の末流常葉《ときわ》家といった有力な家があった。金沢氏は、顕時が九代執権北条貞時▲の信頼をえて上昇の足場を固め、その後、貞顕が十四代執権北条高時の連署をつとめることで全盛時代を築いた。

『金沢文庫古文書』概算八〇〇〇通のうち、金沢貞顕・貞将父子、金沢氏被官、金沢氏の縁者が称名寺の僧侶とやりとりした書状は一〇〇〇通を超える。これらの書状は鎌倉幕府の運営にかかわる情報や都市鎌倉で収集した情報を伝達したものが多く、鎌倉後期の鎌倉幕府や都市鎌倉の事情をよく伝える。そこからは、『太平記』が素通りしようとした情報や、後醍醐天皇の側に立って展開された主張とは異なった鎌倉側の主張が読みとれる。

たとえば、元徳《げんとく》二(一三三〇)年三月四日付の金沢貞顕書状(『金沢文庫古文書』四二八+四二三三号、原漢文)には、次のようなことが書かれている。

▼**嘉元の乱**　一三〇五(嘉元三)年に鎌倉で起きた政変。はじめ連署北条時村を謀反《むほん》の嫌疑で誅殺したが、その後、時村に対する嫌疑が誤りであることがわかると、時村誅殺を主張した北条宗方《むねかた》が一転して誅殺された。この混乱は、北条貞時政権に大きな痛手をあたえた。

▼**北条時村**　一二四二～一三〇五年。七代執権北条政村の嫡子。金沢貞顕の舅にあたる。嘉元の乱で冤罪《えんざい》をかぶせられて誅殺された。父政村と同様、歌人としても知られていた。

▼**北条貞時**　一二七一～一三一一年。鎌倉幕府九代執権。北条時宗の嫡子。霜月《しもつき》騒動(一二八五年)・平禅門《へいぜんもん》の乱《らん》(一二九三年)をへて北条氏本家(得宗)主導の政治体制を築き、鎌倉幕府の改革を試みたが失敗し、嘉元の乱で挫折した。

一　唐僧（明極楚俊）去月廿五日に下着し候、明日五日建長《けんちょう》寺《じ》へ入院《じゅいん》の由《よし》その聞こへ候、

一　大《たい》守《しゅ》（北条高時）禅閤《ぜんこう》去月廿五日石長老（夢窓疎石）の二階堂《にかいどう》紅葉《もみじ》谷《がやつ》〔椙《すぎ》谷を当時紅葉谷と申し候なり〕の庵《いおり》へ俄《にわか》に入御《にゅうぎょ》、忠乗僧都坊〔安忠僧正《そうじょう》跡〕、二階堂など御覧じめぐ（廻）られ候云々、石長老円覚寺《えんがくじ》より輿を飛て参りて、御茶すゝめ進《まい》らせられ候けるよし承はり候、また此四五日の程、寿福寺《じゅふくじ》へも入御候けり、方々へ御遊覧候か、明日入院にも御出有るべきの由聞へ候、あなかしく、

三月四日

明極楚俊《みんきそしゅん》▲は、一三三〇年に渡日し、後醍醐天皇に対面して「此君亢龍《こうりゅう》悔有リト雖モ、二度帝位ヲ践セ給ベキ御相有」と観相《かんそう》したことが『太平記』に記されている。その後、二月二十五日に鎌倉にはいって、三月五日には建長寺に移っている。この事書《ことがき》によれば、二月二十五日、北条高時が急に夢窓疎石《むそうそせき》▲の庵を訪れたので、疎石は円覚寺から急いで戻り、お茶をだしてもてなしたという。

高時は、南山士雲《なんざんしうん》▲を崇敬し、禅宗に篤く帰依《きえ》していた。貞顕の知る高時は、

▼**明極楚俊**　一二六四～一三三八年。鎌倉時代末期に来日した禅僧。一三二九（元徳元）年五月に博多に到着し、鎌倉に向かう途中で後醍醐天皇に招かれて対面した。一三三〇（元徳二）年二月、建長寺住持に就任した。

▼**夢窓疎石**　一二七五～一三五一年。臨済宗《りんざいしゅう》の僧。北条高時の招きにより、一三二九（元徳元）年八月二十九日に円覚寺に住した。夢窓の法流は五山派《ござんは》最大に成長した。

▼**南山士雲**　一二五四～一三三五年。臨済宗の僧。北条貞時の招きによって、一三〇七（徳治《とくじ》二）年に東勝寺《とうしょうじ》に住した。以後、東福《とうふく》寺《じ》・寿福寺・建長寺に住し、一三二一（元亨元）年に崇寿寺《すうじゅじ》を開創した。

病弱で禅僧と語らうことを好む静かな人であった。扉写真で紹介した南山士雲像も、士雲に篤く帰依した高時がみずから肖像画を描き、士雲に賛文《さんぶん》を求めたものである。

『保暦間記《ほうりゃくかんき》』▲は、高時を「頗《すこぶ》る亡気《うつけ》の躰《てい》にて」と評している。精気のない人・無気力な人という意味である。連署金沢貞顕は、病弱な高時を気遣い、高時の後見長崎高綱《ながさきたかつな》と協議しつつ、政権運営にあたった。そこには、体の弱い高時をいたわる心優しい眼差しがある。この優しさが政治的には優柔不断を招き、断固とした意思で鎌倉幕府を倒そうとする後醍醐天皇に乗ぜられたといえる。

執権高時・連署貞顕が鎌倉幕府を主導した一三一六年から二六(嘉暦元)年は、鎌倉幕府が平穏にすごした最後の時期である。貞顕が高時をどのようにみていたか、次の金沢貞顕書状(『金沢文庫古文書』一〇四号)で紹介してみよう。

此間万方計会《ばんぽうけいかい》、よって其後申し承はらず候、本意に非ず候、また一昨日御《おん》元服《げんぷく》の儀、風雨の難無く、天地の感有り、無為無事《ぶいぶじ》に遂行せられ候らひ了んぬ、天下の大慶この事に候、幸甚々々、……

六波羅探題南方の任を終え、鎌倉に戻った貞顕が一三〇九(延慶《えんきょう》二)年正月

▼『保暦間記』　保元《ほうげん》の乱《らん》から後醍醐天皇が崩御した暦応《りゃくおう》年間(一三三八〜四二)までの歴史を綴った史書。南北朝時代中期に成立した小編であるが、鎌倉幕府の歴史を通覧できるところから便利に使われている。

▼明経道　大学寮に設置された学科の一つで、経学(儒学)を中核とした。中原《なかはら》氏・清原氏が家学《かがく》として多くの門弟を集め、明経博士を世襲した。

二十一日に行われた北条高時元服式のようすを釼阿に伝えた書状である。この日は天候もよく、天も高時の元服を祝福していると記している。金沢氏は明《みょう》経道《ぎょうどう》▲清原《きよはら》氏から漢籍訓読を学んでいたので、儒学《じゅがく》の天人相関説を知っていた。この日の好天を得宗高時の明るい未来を示す予徴と理解する書状からは、高時の元服を喜ぶ人びとの思いが伝わってくる。

次は、連署在任中の金沢貞顕書状(『金沢文庫古文書』三二八号)である。

> 太守(北条高時)廿二日朝より御違例の事候、昨日は御少減《しょうげん》の由承はり候しが、今暁より猶《なお》難治の御事にて候よし承はり候、驚ろき歎き入り候、然りと雖も、医師《くすし》等は殊なる御事有るべからざるの旨申さしめ候の由、長禅門(長崎高綱)かたり申され候、早速御減《ごげん》候へかしと、念願の外他なく候、御祈念も候べく候、
> ……

高時の病状が二十二日朝から悪化していること、昨日はやや恢復したかにみえたが、ぶり返していることなど病状の変化に一喜一憂し、後見の長崎高綱と頻繁に打合わせをしていたことがわかる。医師の見立てでは命に別状はないというが、一日も早く治ってほしいというのは本心であろう。この間、鎌倉幕府

の通常業務は連署貞顕が単独で将軍家の裁可をあおいで決裁することになるし、得宗家の運営は高時の後見長崎高綱と得宗家公文所執事《くもんじょしつじ》長崎高資《たかすけ》の父子が中心となって行うことになる。今一人の高時の後見人である外戚《がいせき》安達《あだち》氏の惣領《そうりょう》安達時顕《ときあき》▲は、貞顕・高綱の相談相手となって意思決定に参画していった。

北条高時が病床に伏すと、将軍守邦親王のおおせを受けながら、貞顕と高綱を中心とした暫定的な体制で政権運営が行われた。高時政権は、高時が病弱であるという弱点をかかえるがゆえに、波乱を起こさない運営が心がけられていた。この体制は、鎌倉幕府の結束が乱れないように調整をつくした連署貞顕と得宗家をたくみにまとめた高綱の二人の活動により、先例と道理を重んじたおだやかな政治につながり、鎌倉幕府の延命につながっていくことになった。しかし、鎌倉後期の政治体制のなかで異端児となっていた後醍醐天皇を厳しく処断しなかったことが、中世前期の社会を主導してきた公家政権と鎌倉幕府を滅ぼす原因となっていくのである。

▼**安達時顕**　?～一三三三年。安達宗顕《むねあき》の子。北条貞時がなくなるとき、長崎高綱とともに嫡子高時の後見に指名された。北条高時政権の重鎮として活躍し、一三三三(正慶二)年の鎌倉合戦では高時の最期を見届けて自害した。

②—北条高時政権

高時執権就任まで

北条高時《ほうじょうたかとき》は、一三〇三(嘉元元《かげん》)年十二月二日、得宗《とくそう》北条貞時《さだとき》と安達《あだち》氏の一族大室泰宗《おおむろやすむね》の娘の嫡男として誕生した。幼名は成寿丸《せいじゅまる》、一三〇九(延慶《えんきょう》二)年正月二十一日に元服《げんぷく》をとげて高時と名乗った。高時は七歳。一三一一(応長《おうちょう》元)年についた初任の官職《かんしょく》は左馬権頭《さまのごんのかみ》、幕府の役職は小侍所別当《こさむらいどころべっとう》であった。

父貞時は、一三一一年十月二十六日になくなった。貞時は、高時の後見に外《がい》戚《せき》安達氏の惣領《そうりょう》安達時顕《ときあき》と得宗家公文所執事《くもんじょしつじ》長崎高綱《ながさきたかつな》をつけ、後事を託した。同年、十代執権《しっけん》北条師時《もろとき》は退き、一門《いちもん》の宿老《しゅくろう》大仏宗宣《おさらぎむねのぶ》▲が十一代執権に就任した。連署《れんしょ》には、嘉元の乱でなくなった連署北条時村《ときむら》の孫熙時《ひろとき》▲が就任した。

貞時死後の鎌倉《かまくら》幕府は、幼い得宗高時の後見長崎高綱・安達時顕が得宗家の意思を代行して家政を主導し、執権大仏宗宣・連署北条熙時が得宗の意思を代弁する者として将軍久明親王《ひさあきらしんのう》▲の裁可を受けて決裁することによって運営された。貞時は、信頼のおける後見と一門の重鎮に後事を託したのである。

▼**大仏宗宣**　一二五九～一三一二年。時房《ときふさ》流、大仏宣時《のぶとき》の子。一三〇五(嘉元三)年に連署に就任し、一三一一(応長元)年に中継ぎとして十一代執権に昇進した。

▼**北条熙時**　一二七九～一三一五年。政村《まさむら》流、北条為時《ためとき》の子。十一代執権北条宗宣がなくなる一三一二(正和元)年に十二代執権に昇進した。

▼**久明親王**　一二七六～一三二八年。鎌倉幕府の八代将軍、父は後深草《ごふかくさ》天皇。一二八九(正応《しょうおう》二)年に征夷大将軍に任じられて鎌倉にくだり、一三〇八(徳治《とくじ》三)年に将軍職を去って帰洛《きらく》した。

西欧ではローマ帝国の解体によって封建《ほうけん》社会に移行したときに爵位を世襲する「身分としての貴族《きぞく》」が形成されたが、東アジアでは中国の歴代王朝が官僚制を発展させたことで、貴族の地位を官位で規定した「地位としての貴族」が発展した。日本中世の身分制も官位制の秩序のなかで社会的地位が表現され、家格として表現される身分は宮仕えを始める初任の官職の優遇（蔭位《おんい》の制▲や重代《ちょうだい》の例▲）と官人としての昇進の上限（極官《ごくかん》）で表現された。家の継承にあたり、家長の指名は家の判断で行えたが、社会的地位は朝廷・幕府の承認とその後の昇進によって獲得するものであった。

鎌倉幕府は官位制にかわる身分制の秩序をつくれなかったので、公的な書類に署判をすえる執権・連署・六波羅探題《ろくはらたんだい》などは、社会的地位の指標として官位を必要とした。執権・連署は将軍御所《ごしょ》の殿上人《てんじょうびと》となるため、従四位下《じゅしいげ》以上の位階《いかい》をもつか、従四位下に昇進する要件を満たしている必要があった。九歳の高時はこの条件を満たしていないため、中継ぎの執権が必要となるのである。

高時は、一三一六（正和《しょうわ》五）年七月十日に執権に就任した。高時執権就任の経緯は、寄合《よりあい》（得宗家の会議）に出席した貞顕《さだあき》が称名寺《しょうみょうじ》長老釼阿《けんあ》に送った書状（『金

▼**蔭位の制**　祖父・父が昇進した位階にあわせて初任の位階を割りあてる優遇制度をいう。中世になると、中堅以上の官人は従五位下ないし正六位上の位階で宮仕えを始めたが、摂関家《せっかんけ》は正四位下を初任の位階とした。

▼**重代の例**　重代とは、代を重ねるという意味である。中世の公家社会では、朝廷の役所を運営する知識や技術は、重代と呼ばれる官人の家の家内学習によって継承されていった。その結果、特定の家と官職が密接に結びつく官司請負制が形成されていった。

沢文庫古文書』一三五号)によって知ることができる。

今朝愚状を進《まい》らせ候き、定めて参着し候か、抑《そもそ》も典厩(北条高時)御署判の事、今日、御寄合出仕の時、別駕(安達時顕)・長禅門(長崎高綱)両人申して云く、御判の事、先例に任せ、来る十日御判有るべく候、七月は最勝園寺殿(北条貞時)御例に候と云々、その後、長禅門に対面し候、相州(普恩寺基時)職を御辞退の事、去夜高橋九郎入道を召寄候ひて申し候らひ了《おわ》んぬ、愚身「　」はで、御披露は有るべからず候、猶々喜悦候、〱、

大意をとると、「今朝送った書状は、すでにお読みのことと存じます。今日、寄合があって、七月十日に高時執権就任による判始が行われること、執権北条基時《もととき》には普恩寺家被官《ふおんじけひかん》高橋九郎入道《くろうにゅうどう》を通じて辞任のことを伝えています。私には、寄合のあとで連署留任の話がありました。このことはまだ内密なので、口外しないでください」となる。基時から高時への執権交替は長崎高綱によって手配済みであり、安達時顕とも意見調整がすんでいるので、粛々と手続きが進められていた。貞顕はこの寄合が高時執権就任のために必要な手順と承知しているので、静かに成り行きを見守っていた。貞顕は高綱から会議後も残るよ

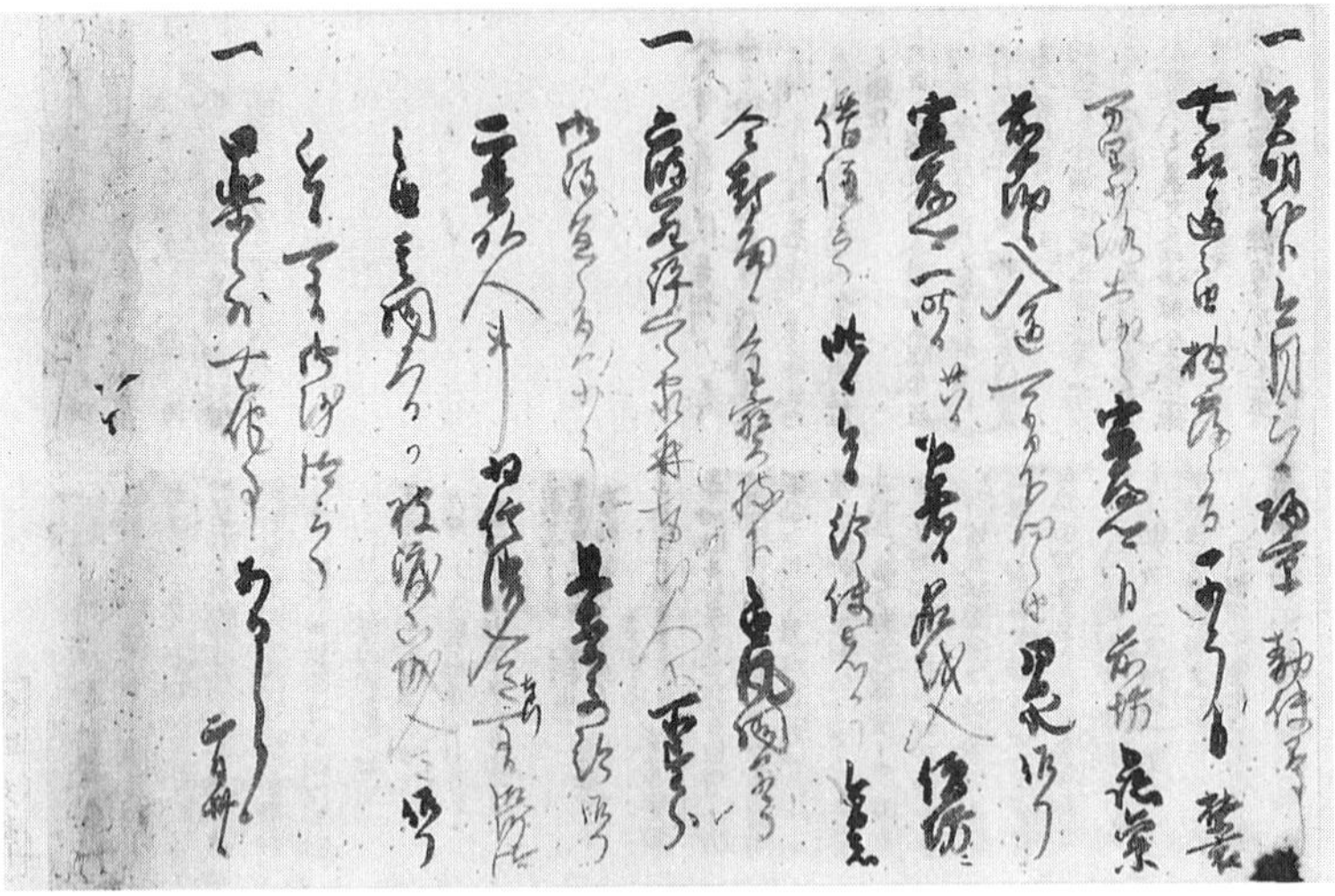

金沢貞顕書状　金沢貞顕は，病の癒えた北条高時が田楽を楽しんでいたと伝えられ，ほっとしている。金沢貞顕が，高時の田楽遊びを批判していないことは考慮すべきである。

北条高時書状　北条高時は，称名寺に奥州騒乱静謐《せいひつ》の祈禱を依頼し，その法験《ほうげん》があったと讃える書状。正中 2 (1325)年の書込みの上に，文保 2 (1318)年と上書きしている。

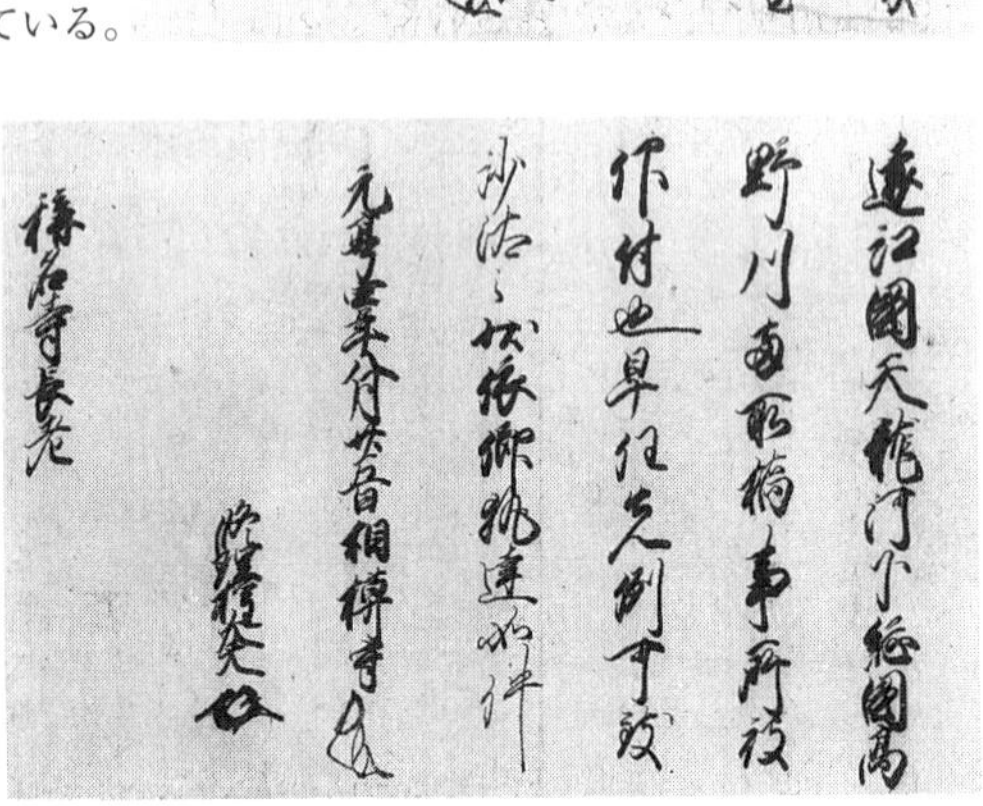

関東御教書　鎌倉幕府の公文書。執権・連署が将軍家に上申して裁可をもらい，その内容を幕府の右筆《ゆうひつ》が起草，執権・連署はその文章を読んで問題なければ花押《かおう》をすえる。相模守が執権北条高時，修理《しゅり》権大夫《ごんのだいぶ》が連署金沢貞顕である。

うにいわれていたことを引継ぎの問題と考えていたが、意に反した留任であった。高時の連署には、老練な人材をおきたいと考えたのであろう。

執権北条高時について、『保暦間記《ほうりゃくかんき》』は「頗《すこぶ》る亡気《うつけ》の躰《てい》にて、将軍家の執権も叶い難かりけり、されども、武蔵前司泰時《むさしのぜんじやすとき》の時より代々政道正直、家直に行ひ置きたりければ、……貞時世事申し置きたりければ、申し談じて形の如く子細なくて年月送りけり」と記している。この文章はマイナス評価をしているが、高時を虚弱な人と伝える点では金沢《かねさわ》貞顕書状と一致している。

文保の和談

高時が執権をつとめた一三一六(正和五)年から二六(嘉暦《かりゃく》元)年までの一〇年、鎌倉は大きな政変のない安定した時代であった。しかし、京都では大覚寺統《だいかくじとう》が嫡流と後醍醐《ごだいご》天皇支持派に分裂して派閥抗争を激化させ、北条氏一門出身の僧を重鎮として取り込んだ園城寺《おんじょうじ》▲は天台宗《てんだいしゅう》の主導権をめぐって延暦寺《えんりゃくじ》▲との対立を激化させ、奥州《おうしゅう》では気候変動による経済の疲弊を原因とした治安の悪化が顕著になっていった。鎌倉幕府のおかれた状況をみると、内はおさまっているが、

▼園城寺と延暦寺　天台宗は、宗祖最澄《さいちょう》の教学を守っていこうとした山門派と、密教《みっきょう》に傾倒した円珍《えんちん》をあおぐ寺門派に分裂した。山門派は王城守護の権門寺院として比叡山《ひえいざん》延暦寺を発展させ、僧兵《そうへい》三万人を豪語する京都周辺の実力者に成長した。寺門派は、朝廷や真言宗・南都の諸寺院および鎌倉幕府との連携につとめ、反延暦寺連合を組むことで対抗した。

外は嵐の前兆がみえてきた困難な時期を迎えていた。

高時政権が対処した最初の課題が、文保《ぶんぽう》の和談《わだん》と呼ばれる政治折衝である。一三一七(文保元)年三月、大覚寺統の後宇多法皇《ごうだほうおう》は、〇八(延慶元)年八月に始まった持明院統《じみょういんとう》の伏見《ふしみ》・後伏見院政《ごふしみいんせい》が長期化したとして、鎌倉幕府に花園《はなぞの》天皇譲位の口添えを求めた。高時政権は、後宇多法皇の意向を受け、持明院統に対して大覚寺統の東宮尊治《とうぐうたかはる》親王の即位と後二条《ごにじょう》天皇の皇子邦良《くによし》親王の立太子《りったいし》をうながす使者摂津親鑑《つのちかあき》▲を上洛《じょうらく》させた。

貞顕は摂津親鑑の労をねぎらうため、三月十六日に茶会を催している。道理を弁《わきま》えた貞顕であれば、両統迭立《りょうとうてつりつ》▲の約束からはずれた後宇多法皇の要求は持明院統が簡単に承諾できる話ではないと理解できるので、折衝が難航することを予想していた。厄介事で上洛する摂津親鑑を慰労するところに気配りがある。

案の定、伏見上皇《じょうこう》▲はこの要求に難色を示し、突っぱねてきた。後宇多法皇の提案では、即位の順番が(1)東宮尊治親王(後醍醐天皇)、(2)邦良親王(後二条天皇第一皇子)、(3)量仁《かずひと》親王(光厳《こうごん》天皇▲)となり、持明院統に不利なためである。原則論からいえば、立太子の要望をだした邦良親王が一八歳になったことを理由

▼**摂津親鑑**　?〜一三三三年。鎌倉幕府の評定衆《ひょうじょうしゅう》。摂津親致《ちかむね》の子。能吏として活躍し、得宗家のなかでも御内《みうち》宿老に列した。

▼**両統迭立**　一二七二(文永《ぶんえい》九)年に崩御した後嵯峨《ごさが》上皇の後継問題に始まった天皇家分裂の時代の皇位継承の慣例である。天皇家は、亀山《かめやま》上皇の院政でそのままいくか、後深草上皇にも院政を行わせるかで対立し、皇統が分裂した。以後、大覚寺統の後宇多天皇が即位すれば、東宮は持明院統から煕仁親王(伏見天皇)をだすというように襷《たすき》掛《が》け人事が行われた。

▼**伏見上皇**　一二六五〜一三一七年。持明院統の後深草天皇の第二皇子。後伏見天皇・花園天皇の二代にわたり、院政を行う。京極《きょうごく》為兼《ためかね》を登用して大覚寺統と対立したり、文保の和談では鎌倉幕府の提案を拒絶したりと、持明院統の中核として活躍した。

に尊治親王を退けて邦良親王を即位させるか、あくまでも東宮尊治親王を即位させて嫡流の邦良親王を持明院統の東宮の次とするかを決定すべきなのである。後宇多法皇は、それではどちらも不憫《ふびん》だと、持明院統を締め出そうとした。持明院統がこの提案に難色を示すのは当然であった。

しかし、九月三日に伏見上皇が崩御《ほうぎょ》すると、関東申次《もうしつぎ》西園寺《さいおんじ》実兼《さねかね》は量仁親王の即位を確約することでこの提案を受け入れた。持明院統の中核であると同時に関東申次をつとめる西園寺氏▲が、後伏見上皇・花園天皇を口説き落として納得させたのであろう。鎌倉幕府の使節として上洛した摂津親鑒は、西園寺氏と協力して交渉をまとめ上げたが、この過程で鎌倉幕府がえるものはなにもなかった。鎌倉幕府の将軍守邦《もりくに》親王は持明院統、関東申次西園寺氏は持明院統の重臣と、鎌倉は持明院統の人脈のほうが強かった。しかし、公家《くげ》政権の主流派は大覚寺統であり、その嫡流が後宇多法皇・後二条天皇・邦良親王と継承されることを承知しているので、持明院統に不利な調停を行おうとした。高時政権の調停の眼目は公家政権との円満な関係の維持であり、政治的に近い持明院統に我慢させてでも、京都の主流派と協調しようとした。

▼**光厳天皇**　一三一三～六四年。後醍醐天皇が元弘《げんこう》の変《へん》に失敗して退位したあとをうけて、一三三一(元徳《げんとく》三)年に即位した。しかし、鎌倉幕府の滅亡によって即位が無効とされた。北朝の初代に数えられる。

▼**西園寺氏**　一二四六(寛元《かんげん》四)年の宮《みや》騒動以後、西園寺氏は朝廷と幕府との連絡役の関東申次をつとめるようになった。両統迭立が始まると、公衡《きんひら》は持明院統の重鎮として活動し、朝廷内での基盤を固めていった。

文保の園城寺戒壇問題

天台宗が延暦寺を本山《ほんざん》とする山門《さんもん》派と園城寺を本山とする寺門《じもん》派に分裂したのち、延暦寺は鎮護《ちんご》国家の祈禱《きとう》を行う官僧《かんそう》の授戒《じゅかい》を行う延暦寺戒壇《かいだん》を独占するようになった。その結果、朝廷が公認した京都周辺の戒壇は東大寺《とうだいじ》戒壇のみとなり、京都周辺の権門《けんもん》寺院の僧侶は東大寺で授戒を行うことになった。園城寺はこの状態に強い不満をもち、園城寺にも戒壇を公認することを求め続けた。また、延暦寺に対抗するため、京都や南都《なんと》の権門寺院と結びつきを強め、鎌倉幕府が成立すると鶴岡社務職《つるがおかしゃむしき》・名越長福寺《なごえちょうふくじ》・明石谷一心院《あかしがやついっしんいん》など鎌倉に進出して顕密《けんみつ》仏教の主流派を握ろうとした。園城寺は鎌倉で多くの弟子を育て、鎌倉中期以後、名越氏の公朝《こうちょう》、金沢氏の顕弁《けんべん》▲、佐介《さすけ》氏の房朝《ぼうちょう》など北条氏一門の僧が本山の要職に就くようになった。

一三一九(文保三)年、連署金沢貞顕の兄顕弁が園城寺別当《べっとう》に就任した。北条氏の一門を別当に迎えたことで、論客として知られた日光院倫藝《にっこういんりんげい》をはじめ、園城寺の学侶《がくりょ》・衆徒《しゅと》が活気づいた。四月にはいると顕弁が灌頂《かんじょう》阿闍梨《あじゃり》となって弁基《べんき》・俊珍《しゅんちん》・弁誉《べんよ》に伝法《でんぽう》灌頂を行ったので、聖護院門跡恵助法親王《しょうごいんもんぜきえじょほっしんのう》・円満院《えんまんいん》門

▼**顕弁**　一二六九～一三三一年。天台宗寺門派の高僧。金沢貞顕の兄で、園城寺長吏や鶴岡八幡宮社務職をつとめた。一三一九(文保三)年に園城寺別当に就任して本山にはいり、文保の園城寺戒壇問題の中心となった。

跡尊悟《そんご》法親王などの重鎮は延暦寺の圧力を恐れて円満に収拾しようとつとめたが、戒壇破却を求める延暦寺の憤りはおさまらなくなった。

このままでは、嗷訴《ごうそ》に発展することを恐れた後宇多法皇は、六波羅探題に対して園城寺の金堂《こんどう》と城郭の破却、兵士の解散を命じた。六波羅探題は四月二十四日に軍勢と実検使《じっけんし》を派遣して法皇の命令を実行させたが、延暦寺衆徒はその夜に山上から園城寺へ攻め寄せて焼討ちを行った。鎌倉幕府は後宇多法皇の求めに応じて実力行使の回避につとめたにもかかわらず、延暦寺が調停を破って焼討ちをかけたことで面目を失う結果となった。

鎌倉後期の京都の政局は、大覚寺統・持明院統の両統迭立だけで十分に複雑なところに、王城鎮護の権門寺院延暦寺が呪術《じゅじゅつ》的な力と軍事力を背景に影響力をもつことで、園城寺や真言宗《しんごんしゅう》・南都の諸寺院が連衡して延暦寺に対抗することになった。六波羅探題もまた、京都の複雑な勢力均衡のなかでは実力者の一人にすぎず、鎌倉幕府にとって京都は扱いのむずかしい土地であった。

東北の騒乱

青野靖之氏は、京都の観桜会の記録から桜の開花時期を分析して気候変動のグラフを作成した(四四ページ図参照)。それによって明らかになった鎌倉時代の気候は、一二八〇年代には八度前後で推移してきた京都の三月の平均気温が、九〇年代から急激に寒冷化に向かいはじめ、一三三〇年代から五〇年代にかけては五度を下回る寒冷化の底を迎えるというものであった。また、太陽黒点の数が減少したウォルフ極少期(一二八〇〜一三四〇年)との気候応答を一四年と推定し、太陽黒点の増減と気温の変化との関係を明らかにしている。中世温暖期の気候のなかで進められた陸奥国《むつのくに》の開発が、小氷期《しょうひょうき》型気候への移行によって破綻していく時期に、東北地方で蝦夷《えぞ》の蜂起と津軽安藤氏《つがるあんどうし》▲の内訌《ないこう》が始まる。

津軽安藤氏は北条氏が蝦夷地の所領《しょりょう》を委任した被官で、蝦夷管領《かんれい》の俗称で呼ばれていた。津軽安藤氏は安藤季長《すえなが》と安藤宗季《むねすえ》が蝦夷管領の職を争い、一三二〇(元応《げんおう》二)年ごろから蝦夷地騒乱も激化していった。この時期にもっとも桜の開花が遅れたのは一三二三(元亨《げんこう》三)年である。京都は霖雨《りんう》で、翌年は鎌倉の霖雨が確認されている。一三二二年の京都は、旱魃《かんばつ》が記録されている。一三二三

▼**安東氏と安藤氏**　鎌倉幕府・北条氏に仕えた安東氏は、駿河《するが》国安倍《あべ》郡を分割した安東の出身と考えられる。安東氏には京都五条《ごじょう》に館を構えて在京被官となった平《たいら》姓安東氏と、その後に台頭した藤原《ふじわら》姓安東氏と、津軽地方の所領にくだって蝦夷管領となった津軽安藤氏がいる。

年は桜の開花時期がグレゴリオ暦換算で五月四日となる冷涼な年であり、この数年は寒冷化へと向かう気候変動のなかで激しく揺れた時期とわかる。江戸時代の飢饉《ききん》のような具体的な史料は残っていないが、金沢氏領陸奥国玉造郡《たまつくりぐん》関係でも不作や関東御公事《みくうじ》滞納といった凶作の影響を示す史料が残っている。奥州騒乱は、寒冷化による疲弊が根底にあると考えてよいのだろう。

『保暦間記』は、得宗家執事▲長崎高資《たかすけ》▲が両方から賄賂を受け取ってよい顔をしたために、津軽安藤氏の内訌は合戦《かっせん》に発展したと伝える。両者は外浜《そとがはま》の内真部《うちまっぺ》館《たち》(現、青森市内真部)と西浜《にしはま》の折曽関《おりそのせき》(現、青森県深浦《ふかうら》町折曽)に城を構え、蝦夷に参陣を求めて数千の軍勢を集め、河を挟んでにらみあった。

一三二五(正中《しょうちゅう》二)年になって、得宗家は安藤季長の蝦夷管領解任と安藤宗季の補任を決定したが、それまでの経緯から不満に思った季長が兵をあげたので、工藤祐貞《くどうすけさだ》を鎮圧のために派遣した。工藤祐貞は宗季の協力をえて安藤季長を捕えて帰参したが、季長支持の残党が抵抗を続けたので、一三二七(嘉暦二)年には鎌倉幕府の追討使《ついとうし》として小田高知《おだたかとも》・宇都宮高貞《うつのみやたかさだ》が派遣された。追討使は季長残党の抵抗に手こずり、一三二八(嘉暦三)年十月に和談で決着をつけ

▼**得宗家執事**　内《うち》管領ともいう。北条氏本家の家政機関を主導する重臣で、北条泰時《やすとき》が伊賀氏《いがし》事件後に家政機関をととのえたときに家令《かれい》に任命した尾藤景綱《びとうかげつな》に始まる。尾藤氏・諏訪《すわ》氏・平氏(長崎氏)といった重臣がこの職をつとめた。

▼**長崎高資**　?～一三三三年。長崎高綱の子。一三一六(正和五)年ごろに得宗家執事に就任する。高時の長子邦時《くにとき》が誕生すると乳母《めの》夫《と》となった。終末期の鎌倉幕府を主導した要人である。

ることになった。奥州騒乱を泥沼化させたことは、鎌倉幕府・北条氏の軍事的威信の低下を示すものとして受け止められたのである。

正中の変

正中の変は、後醍醐天皇が鎌倉幕府打倒をめざして起こした事件である。一三二一(元亨元)年、後醍醐天皇は後宇多法皇と話しあい、院政をやめて天皇親《しん》政《せい》を実現した。また、吉田定房《よしださだふさ》▲を鎌倉に派遣して、新体制への移行を説明している。しかし、大覚寺統の嫡系東宮邦良親王とその支持者は後醍醐親政に不満をもち、「近年、禁《きん》裏《り》(後醍醐天皇)・龍《りゅう》楼《ろう》(邦良親王)不和、法皇(後宇多上皇)御旨東宮に在り、これに依り旧臣等怖《おそれ》を懐く、薄氷を踏むが如しと云々」(『花園天皇宸記《しんき》』元亨四〈一三二四〉年六月二十五日条)と、大覚寺統の分裂が顕著になったことを伝えている。

後宇多法皇の意思が東宮にあることを知る人びとは、後醍醐天皇が実権を握りはじめたことを危惧していた。後醍醐天皇親政の開始により、危機感をもった大覚寺統嫡流は東宮邦良親王の即位を急ぎ、持明院統は量仁親王即位に向けて後醍醐天皇譲位を要求しはじめた。この孤立が、後醍醐天皇を院政と鎌倉幕

▼**吉田定房**　一二七四～一三三八年。勧修寺《かじゅうじ》流藤原氏の吉田経《つね》長《なが》の子。大覚寺統の廷臣《ていしん》で、後醍醐天皇一宮《いちのみや》尊良《たかよし》親王の後見をつとめた。後醍醐天皇に挙兵を諫めた「吉田定房奏上《そうじょう》」を提出し、元弘の変では後醍醐天皇の挙兵を幕府に密告した。

後醍醐天皇の卓袱台返《ちゃぶだいがえ》し(向坂卓也氏画)　金沢文庫の平成15年度特別展『鎌倉幕府滅亡』の子ども向け解説のために描いたイラストの原画。「文庫カエル」と呼ばれるキャラクターで描かれた後醍醐天皇が，中世前期の社会をみたてた卓袱台をひっくり返している。卓袱台には，後醍醐天皇と対立した鎌倉幕府・大覚寺統・持明院統の三勢力が載せられている。

後伏見院(左)**と花園院**(『天子摂関御影《てんしせっかんのみえい》』)　『天子摂関御影』の天子巻は，鳥羽《とば》天皇から後醍醐天皇にいたる歴代天皇の姿を描いた肖像集。後伏見天皇・花園天皇は持明院統の皇統を守るべく協力し，量仁親王の即位に努力していった。

府との協調によって安定していた鎌倉時代中・後期の政治体制を破壊する鬼子へと変貌させることになる。

一三二四年六月二十五日、後宇多法皇が崩御すると、後醍醐天皇と東宮邦良親王の対立をおさえることのできる人物がいなくなった。

同年九月十六日、花園上皇は、土岐頼員《ときよりかず》▲が上洛して六波羅奉行人斉藤利行《さいとうとしゆき》のもとに赴き、後醍醐天皇の陰謀を密告したと説明を受けた。計画は、九月二十三日の北野祭《きたのまつり》で騒動を起こして警固の武士をおびきよせ、探題館が手薄になったところを急襲して常葉範貞《ときわのりさだ》を討つというものであった。報告を受けた六波羅探題常葉範貞は、小串範行《おぐしのりゆき》・山本時綱《やまもとときつな》を派遣して多治見国長《たじみくになが》や土岐頼兼《よりかね》を討ちとった。朝廷の官人《かんにん》や官僧の処分については、関東申次西園寺実衡《さねひら》を通じて後醍醐天皇に申し入れた。後醍醐天皇の許可をえて、六波羅探題は日野資朝《ひのすけとも》・日野俊基《としもと》・伊達三位房游雅《だてさんみぼうゆうが》を捕え、取調べのために鎌倉に送っている。

九月二十三日、後醍醐天皇は、弁明の使者として万里小路宣房《までのこうじのぶふさ》▲を鎌倉に派遣した。鎌倉では長崎高綱と安達時顕が対面して糾明したところ、安達時顕の詰問に宣房はしどろもどろになったという。持明院統は、日野俊光《としみつ》を鎌倉に派遣

▼**土岐頼員**　生没年未詳。『太平記《たいへいき》』は、六波羅奉行人斉藤利行の娘を妻に迎えたこと、妻に密事を相談したことによって後醍醐天皇の挙兵計画がもれたと記す。『尊卑分脈《そんぴぶんみゃく》』は、土岐頼貞の甥頼春《よりはる》をその人にあてている。

▼**万里小路宣房**　一二五八〜一三四八年。正中の変では、後醍醐天皇を弁明する使者として鎌倉に赴いた。元弘の変では孫の仲房《なかふさ》を守るために持明院統に合流したが、建武《けんむ》政権では後醍醐天皇にふたたび重用され、一三三六(延元《えんげん》元)年に出家《しゅっけ》をとげた。

して持明院統が東宮をだすことはできないかと打診した。東宮邦良親王もまた六条有忠《ろくじょうありただ》を鎌倉に派遣し、廃太子をいいださないよう説得につとめた。

鎌倉幕府は、空席となっていた六波羅探題南方《みなみかた》として金沢貞将《さだゆき》▲を上洛させた。貞将は通常の規模を大きく超えた五〇〇〇騎を率いて上洛した。騒然とした洛中《らくちゅう》の治安維持に必要な軍勢を揃えたためであろう。六波羅探題には守護職《しゅごしき》や探題料所《りょうしょ》がつけられていたが、金沢氏のような権門でも五〇〇〇騎の常駐は負担となっていった。一三二五(正中二)年二月九日、鎌倉幕府の使者として二階堂忠貞《にかいどうたださだ》が京都にはいり、日野資朝については謀反《むほん》の罪科から逃れられないこと、日野俊基は不問とすることを伝え、正中の変を落着させた。

このときであれば、天皇家の内部に燻《くすぶ》る皇位継承問題に介入し、後醍醐天皇を退位させ、東宮邦良親王の即位、量仁親王の立太子をはかっても、問題が起きる局面ではなかった。しかし、北条高時の母大方殿《おおかたどの》▲は、この事件を穏便におさめるべく、重臣たちの発言を封じた。このときに後醍醐天皇の政治生命を断たなかったことが、北条高時政権の命取りとなっていくのである。

▼**金沢貞将**　?〜一三三三年。金沢貞顕の嫡子。六波羅探題をへて引付一番頭人《ひきつけいちばんとうにん》まで昇進した。一三三三(正慶《しょうきょう》二)年の鎌倉合戦では小袋坂《こぶくろざか》の守りにつき、五月二十二日に討死した。

▼**大方殿**　武家の通称で、家長の母として家政で重きをなした者をいう。北条大方殿・千葉大方殿などの言い方がある。北条高時の母は大室泰宗の娘(覚海円成《かくかいえんじょう》)で、正中の変・嘉暦の騒動に大きな影響力をもった。

③―北条高時政権のかかえた課題

北条高時政権瓦解の要因

ここで改めて、北条高時《ほうじょうたかとき》政権がかかえた課題を検討し、鎌倉《かまくら》幕府の崩壊をとめられなかった問題点について述べていく。

鎌倉幕府滅亡については、自然的な要因から人為的な要因までいくつもの要因を考えることができる。

第一の要因は、中世温暖期から小氷期《しょうひょうき》▲（AD一二九六〜一九〇〇年）への気候変動である。鎌倉の武家《ぶけ》政権は寒冷化にともなうさまざまな社会問題に対処する立場にはなかった。軍事担当の権門《けんもん》として行うべきことは限定されており、その範囲内で対応した。

第二の要因は、両統迭立《りょうとうてつりつ》という取決めがもつ天皇家の内部矛盾の爆発であり、公家《くげ》政権の内訌《ないこう》に鎌倉幕府が巻き込まれたことである。

第三の要因は、鎌倉幕府の基盤である御家人《ごけにん》▲制《せい》の衰退をとめられなかったことである。御家人制の破綻は、中世的な貨幣経済▲への移行に対応できなかっ

▼**氷河期と小氷期**　氷河期は、北半球と南半球に氷床《ひょうしょう》が存在する時期をいう。そのなかで、寒冷化の厳しい時期を氷期、温暖化のみられる時期を間氷期《かんぴょうき》という。南極とグリーンランドに氷床の広がる現代は、氷河期に属する。小氷期は中世温暖期の次に訪れた弱い寒冷期で、一三〇〇年ごろから一九〇〇年ごろがこれにあたる。

▼**御家人**　鎌倉幕府の構成員として、将軍家と主従関係を結ぶ武《ぶ》士《し》をいう。治承《じしょう》・寿永《じゅえい》の内乱以前から河内源氏《かわちげんじ》と主従関係を結ぶ者、内乱の過程で鎌倉幕府に属した者、守護制度が整備されるなかで御家人として登録された者などいくつかの段階がある。

▼**中世的な貨幣経済**　中国渡来の銅銭を基本通貨とした貨幣経済をいう。朝廷は摂津国《つのくに》採銅所など銅山を所有していたが、銅は売却し、通貨を発行する意思をもたなかった。年貢代銭納によって貨幣にかえた租税を収納し、為替や割符(一〇貫を一枚として発行した為替や証書、紙幣の代用となる)の流通など、中世は貨幣経済が著しく発展していた。荘園領主や寺院・土倉《どそう》などは資産を原資とした信用創造まで行っていたと考えられている。

たという経済構造上の問題が根底にあった。御家人制は鎌倉幕府独自の組織なので、御家人制を時代の変化に適応させたり、補強することによる活性化は、幕府が対処すべき問題であった。

第四の要因は、鎌倉幕府中枢部の運営体制が社会情勢の変化に対応できなかったことである。安達泰盛《あだちやすもり》が行った弘安徳政《こうあんとくせい》の挫折としての霜月《しもつき》騒動(一二八五年)、弘安徳政の揺返しとして成立した平頼綱《たいらのよりつな》政権の破綻からくる平禅門《へいぜんもん》の乱《らん》(一二九三年)、北条氏主導の体制で幕府を立てなおそうとした北条貞時《さだとき》政権を挫折させた嘉元《かげん》の乱(一三〇五年)と混乱が続いた。そののちに成立した北条高時政権は、穏健と協調を基本路線とした政権運営が行われた。高時が病弱であったこと、高時を支えた連署金沢貞顕《れんしょかねさわさだあき》が調整型の能吏であったことなど、政権首脳部は波風を好まない人びとで構成された。そこに、高時の母大方殿《おおかたどの》がからみ、政局をさらに複雑にした。彼らは眼前の仕事をそつなくこなしていったが、鎌倉幕府の活力をよみがえらせるような新規の政策や改革を行う政治家ではなかった。鎌倉幕府を滅ぼそうとする後醍醐《ごだいご》天皇に正面から立ち向かった豪腕な指導者長崎高資《ながさきたかすけ》は、高時出家《しゅっけ》後の最末期に活躍することになる。

以上が、高時主導の鎌倉幕府が滅亡にいたる大きな要因といえる。この首脳部が鎌倉幕府の実力が充実した中期に政権運営を行っていれば、高時は平和なよい時代を築いた政治家と評価されたであろう。しかし、北条高時政権が引き継いだ鎌倉幕府は改革の嵐によって大きく傷ついていた。

彼らの行った政治は、体力維持と延命には適していたであろう。しかし、社会が求めていたのは新しい社会構造への移行であった。この意識のズレが、蹉《さ》跌《てつ》の大きな原因となる。

気候変動――中世温暖期から小氷期へ

まず、第一の要因について詳しくみていこう。

高時政権がこの問題に取り組むとすれば、御家人たちに課している関東御公《みくう》事《じ》の軽減、経営難に陥った御家人の救済、所領《しょりょう》を失った御家人を北条氏被官《ひかん》として再雇用することなど、経済政策による対応となろう。勧農・治水・撫民《ぶみん》などの農業振興政策は国司《こくし》や荘園《しょうえん》領主の仕事であり、軍事担当の権門、鎌倉幕府は関東御分国《ごぶんこく》や関東御領《ごりょう》と呼ばれる鎌倉幕府の知行国《ちぎょうこく》・所領を対象とすれば

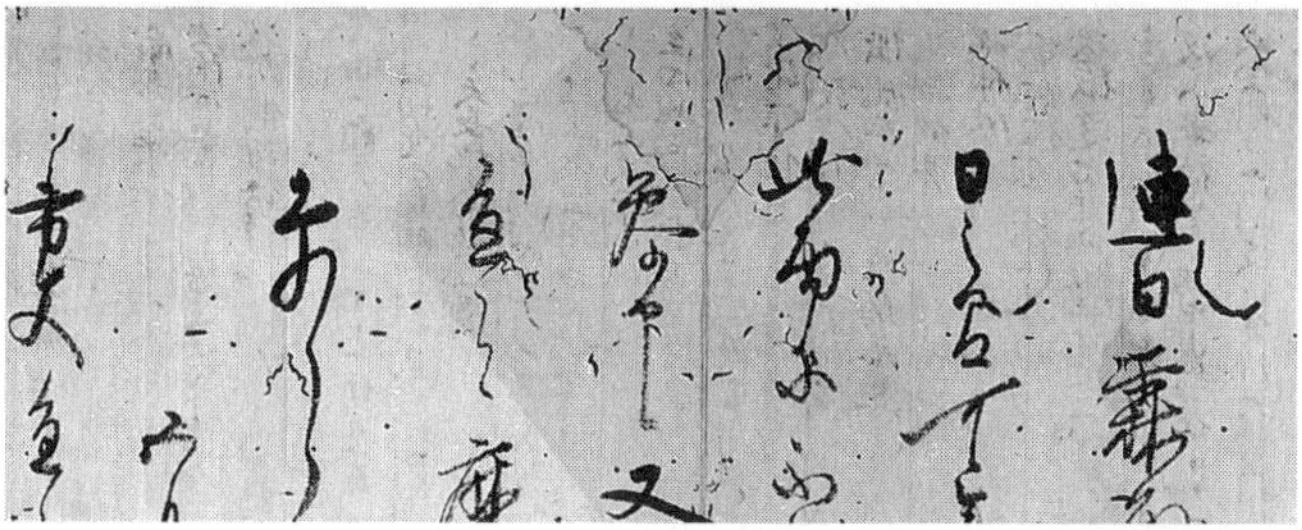

金沢貞顕書状　元亨年間(1321 ~ 24)と推定される金沢貞顕書状。鎌倉が霖雨(冷涼気候による長雨)であると称名寺《しょうみょうじ》長老釼阿に伝えている。

よい。その意味で、奥州の内乱を泥沼化させたことは失点といえる。

しかし、鎌倉幕府は気候変動が起こした社会変動全体の責任をとる形で滅ぼされた。小氷期への移行によって寒冷化した気候に対応しなかった荘園の経営が行き詰まることは予想してよい。しかも、荘園の年貢《ねんぐ》は請負制の発達によって固定化されており、年貢を収納する都市領主は所定の額の納入を求めた。寒暖の差が激しくなったことで豊作・凶作の落差が激しくなり、それに連動して米銭の相場が激しく動くようになると、荘園経営の収支は年によって激しく変動することになる。そのリスクを負うのは、都市領主ではなく、年貢を納入する現場の管理者なので、荘園経営には各地の豊凶を平準化できるだけのスケール・メリットか、財務に対する才能がきわだった形で求められてくる。

鎌倉末期の動乱が深刻なのは、冷害によって東国《とうごく》の水稲生産が不安定になっていた時期に、東国の御家人は戦争に力をそそがなければならなかったことであろう。鎌倉幕府は体制維持の抑止力として振る舞い、新興の社会階層と向かいあうことになった。その行為は御家人として登録された武士を守るための組織であった鎌倉幕府が、くずれゆく社会を支える反動勢力の象徴となる逆転現

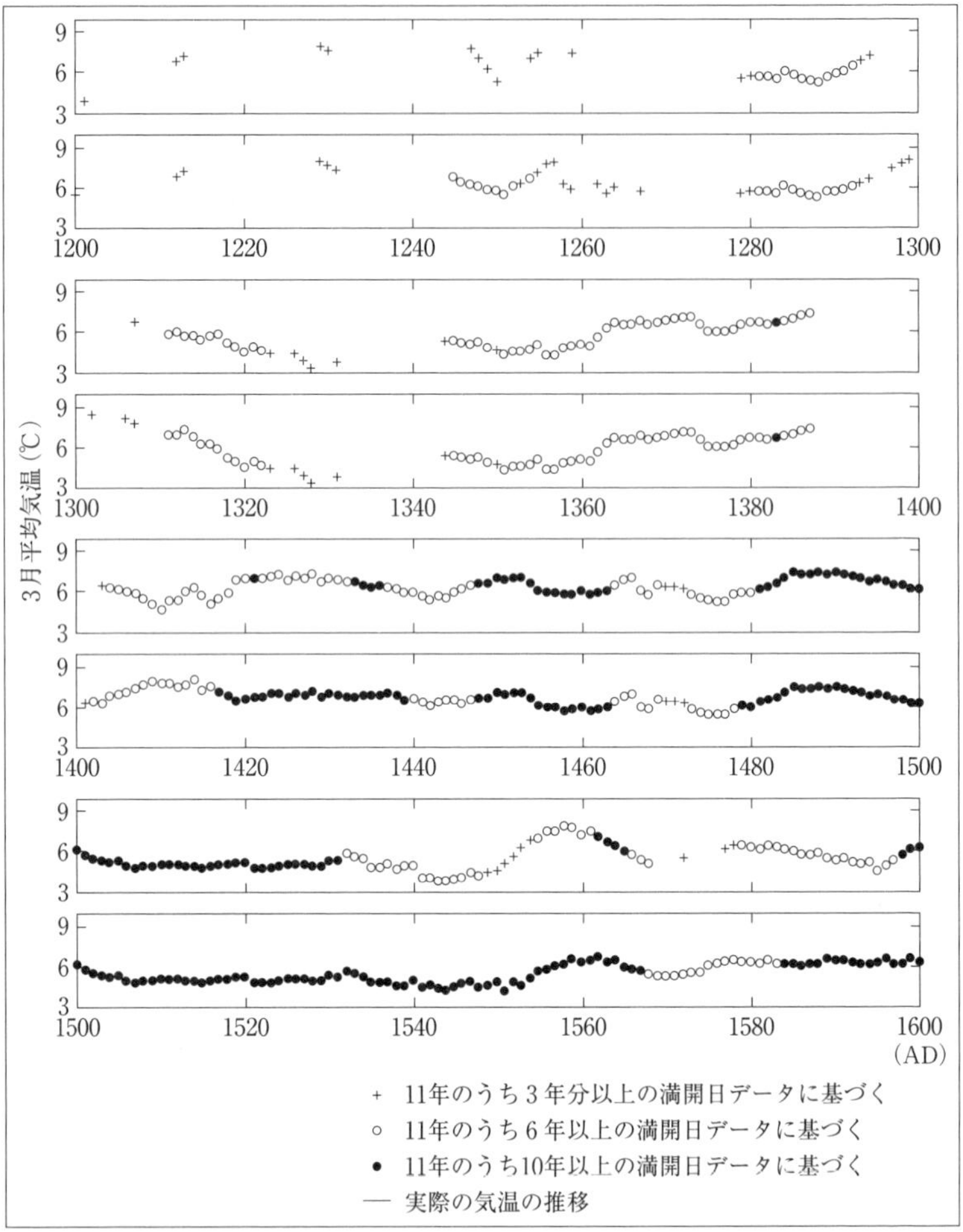

３月の京都平均気温表（青野靖之氏作成）　上段が1994年に青野靖之・小本敬男氏が作成した表。下段は2006年に増補した表である。1300年ごろを境に急激に気温の低下していることがわかる(『古記録によるサクラの開花データに基づく春季気温の気候復元』による)。

象を起こしたことである。北条高時政権が現体制を守ろうとすればするほど、御家人を苦しめる皮肉な立場に立たされていたのである。

御家人制の破綻

第二の要因についてはすでにふれたところであり、ここでは第三の要因についてみていこう。

鎌倉時代中期になると、中世的な貨幣経済の展開に対応できない御家人が続出してきた。院政《いんせい》期から鎌倉時代前期にかけて本格的に展開した寄進地系《きしんちけい》荘園制において、首都京都から制御のききやすい畿内《きない》・西国《さいごく》は預所《あずかりどころ》や代官《だいかん》を派遣して直務《じきむ》支配▲に意欲を示した。しかし、地元の勢力が強かったり、年貢輸送に経費がかかる遠隔地の荘園は直轄すると効率性が悪いので、早くから地頭請所《じとううけしょ》などの請負制に移行していった。また、所定額を納入すれば産地を問わない年貢京済《きょうさい》▲が普及するとともに、京都につぐ第二の年貢集積地として鎌倉が誕生したことによって、京都・鎌倉間の輸送経費を節減することが可能になった。

鎌倉幕府の勢力拡大にあわせて、御家人の所領は全国に広がっていた。多く

▼**直務支配**　荘園の領主が代官などを派遣して直接に支配する形態を直務支配といい、それに対して経営委任を行う間接支配の形態として請所などがあった。直務支配は、京都を中心とした畿内地方や水上交通で京都と結ばれていた西国の沿岸地方に広がっていた。

▼**年貢京済**　荘園の年貢を納入地である京都で決済するシステム。貨幣経済の発展していない平安《へいあん》時代中期までは荘園で生産されたものを現物納入することを基本としたが、院政期以後、納入地で所定の員数が揃っていれば産地は問わない納入地決済が広まった。

の御家人は、惣領《そうりょう》が先祖伝来の土地を継承し、あらたに給わった所領は一族や郎党《ろうとう》を派遣して直営の土地をふやす一方で、畿内のような先進地や遠隔地の所領には代官に経営を委託して収益を確保した。この時代の財産相続は親の遺産を子どもたちに分割して相続させる分割相続であったが、鎌倉幕府の成長が鈍化すると、御家人の生産力拡大は荘園内の小規模開発へと転換していったが、分割相続による経営規模の縮小には対応できなかった。それゆえ、家を維持するために家産を継承する嫡子が一族の生活を保障する嫡子単独相続へと切りかわっていった。鎌倉幕府もまた、得宗《とくそう》北条時頼《ときより》の時代の所領を御家人役負担の単位とする「某跡《あと》▲（某氏の財産の継承者）」という御家人役賦課の単位に切りかえ、その後継者に賦課していった。安定期にはいっても成長期の相続制度を残してしまった対応の遅れが、御家人制を行き詰まらせる要因の一つとなった。

日本は、宋《そう》・元《げん》へ貿易船を派遣するとともに、博多の唐坊《とうぼう》（中国人居留区）で住蕃《じゅうばん》貿易を行ったので、日本の商人は中国の金融制度の知識をもっていた。しかし、京都一極集中構造の経済ではその知識を活用できなかった。武家の都《みやこ》鎌倉が第二の年貢集積地として発展したことにより、京都・鎌倉間の金融決済

▼**跡**　鎌倉時代中期に行われた御家人役賦課の単位。建長《けんちょう》年間（一二四九〜五六）など特定の時期の御家人の所領を賦課の単位とした。跡職《しき》と呼ばれる。下河辺左衛門尉《しもこうべさえもんのじょう》跡といえば、下河辺左衛門尉の所領の継承者が御家人役の負担者となる。

上赤岩《かみあかいわ》出土中世埋納銭《まいのうせん》　下総国下河辺荘上赤岩(現、埼玉県松伏《まつぶし》町)から出土した中世埋納銭。一三・三キロ分の銅銭塊が、個人の畑地から出土した。重量から、五貫文相当と推測できる。赤岩が称名寺に納入した年貢銭の三分の一にあたる量である。

が可能となり、為替《かわし》や割符《さいふ》といった証書の活用が可能になった。元が一二七一(至元《しげん》八)年に紙幣の発行を本格化して銅銭《どうせん》輸出を解禁したことは、渡来銭《とらいせん》の流通が本格的に始まるきっかけとなった。元王朝の政策転換が、日本を年貢代銭《だいせん》納《のう》に象徴される中世的な貨幣経済へと突入させていくのである。

　年貢代銭納が始まると、地頭は所定の年貢の一部を貨幣でおさめるため、換金することが必要になった。たとえば、米立て二五〇石《こく》の年貢を米銭半分の米一二五石・銭一二五貫に切りかえた場合、銭一二五貫を揃える必要が生じてくる。米銭の相場が、一一九三(建久《けんきゅう》四)年の朝廷公定額一石一貫で固定されているのであれば苦労はないが、船で運ぶにしても馬で運ぶにしても輸送費がかかるため、相場は生産地で低く、納入地で高いのが通例であった。また、納入地の米相場はその年の豊凶や輸送経路の治安に大きな影響を受けたので、米をどこまで運んでどこで売るかは荘園の損益に大きく影響することになった。

　鎌倉幕府の御家人制は地方の領主(農場主)を基盤としたので、生産力の増大による富裕化は可能であっても、生産と輸送と売却を総合的に考えた荘園経営は身につけていなかった。この変化に、北条氏や安達氏、幕府の高官・守護《しゅご》などをつとめる有力御家人は、財務に通じた朝廷の下級官人《かんにん》や権門寺院の僧侶を被官に雇うことで変化に対応することができた。中小の御家人は、自分の判断で年貢取引を行うか、権門の庇護を求めて被官となっていった。後者の御家人は、御家人として将軍家と主従関係を結ぶとともに、権門の被官となって主従関係を結ぶことで、鎌倉幕府のなかで二重の主従関係を形成していった。中小の御家人の側からみると、得宗家などの権門の家政や財務にかかわることで富裕化したり、被官▲となってあらたな所領を給わることで経営をもちなおしたりと、主従制の二重化は拡大した格差の再調整の機能も果たしていた。

御家人保護と悪党抑圧

北条貞時が行った御家人制再建の政策は、父祖三代のあいだに鎌倉幕府の発《はっ》給文書《きゅうもんじょ》によって所領の安堵《あんど》を受けた者を御家人と認定すること、鎌倉幕府が御家人役を課した土地を本来の領主である御家人に戻すことで、御家人の所領経営の安定化をはかることを目的としていた。しかし、時代の変化に対応できない御家人に土地を戻しても、再度破綻される厳しい現実に直面することにな

▼**得宗被官**　本来は得宗家(北条氏本家)の被官のみをいうが、広い意味で北条氏被官をさす。御家人と得宗被官の二重の主従関係を結ぶ者と、北条氏に仕える被官の二種類がある。鎌倉幕府の仕事のなかで北条氏との関係を深めた人びと、北条氏の被官となることで勢力の維持や拡大を考えた人びと、北条氏が守護・地頭としてはいってきたことで主従関係を結んだ人びとなど、さまざまな関係がある。

人見四郎図(江戸時代)　久《く》隅守景《すみもりかげ》が，『太平記』に記された人見《ひとみ》光行《みつゆき》(法名恩阿《おんあ》，1261～1333)の説話を描いたもの。阿曽治時《あそはるとき》の軍勢に属して赤坂城へ向かった人見四郎は，本間資貞《ほんますけさだ》(1297～1333)とともに，一《いち》の谷《たに》合戦で先駆けして討死した河原兄弟の例にならい，自分の死で家の名誉を勝ち取ろうとした。鳥居をみつめる武士は，鎌倉武士らしく死んでいった人見四郎入道を思い浮かべ，きざまれた文字を読んでいるのであろう。

悪党の追討(『春日権現験記絵《かすがごんげんけんきえ》』)　春日社《かすがしゃ》に押し入って神鏡などを奪った悪党を追討する場面。どちらも正規の軍勢ではないため，武装が不揃いである。楯の1枚に，北条氏の三鱗《みつうろこ》の文様が描かれている。これも奪取したものであろうか。

った。それのみか、既存の御家人を保護するために、貨幣経済の発展に適応して実力をつけた新興勢力を排除したことは、鎌倉幕府が次の時代を担うことになる人びとを抑圧する側にまわったことを明確に示す結果となった。鎌倉幕府の御家人保護政策は、鎌倉幕府が現体制を維持しようとする守旧派の抑止力であることを示すことになった。

悪党《あくとう》には、山賊・海賊・強盗などいつの時代にも存在した反社会集団としての悪党と、鎌倉時代中・後期の畿内西国で権門寺院を中心とした体制側から反体制集団のレッテルを貼られて抑圧された新興勢力としての悪党がある。前者は時代を越えた用例として使われる悪党、後者は鎌倉時代後期に限定される歴史用語としての悪党である。

安達泰盛▲が弘安徳政(一二八四〜八五年)のなかで行おうとした鎮西《ちんぜい》名主《みょうしゅ》の御家人登録は、元との戦争に勝つために地元の実力者を御家人に登用しようとするものであった。元に対する戦争の準備として御家人を追加することは、貨幣経済の進展によって進む御家人制の空洞化に対する一定の歯止めにはなったであろう。しかし、この改革は既得権保持の立場から御家人制維持を考える平頼

▼**安達泰盛**　一二三一〜八五年。安達義景《よしかげ》の子。北条時宗の舅として鎌倉幕府を主導したが、得宗家執事平頼綱と厳しく対立した。北条時宗卒去後、弘安徳政と呼ばれる鎌倉幕府の改革を主導したが、霜月騒動(一二八五年)で滅ぼされた。

綱に潰されることになった。結果として、領地をもたない無足《むそく》の御家人▲や御家人役を負担しきれなくなっていた零細な御家人が温存され、御家人制の空洞化はとまらなかった。一方で、鎌倉時代中期以降の社会構造の変化のなかで台頭してきた人びとが御家人に登録される道は閉ざされた。彼らが鎌倉時代の土地制度の基本である荘園公領体制と衝突し、反社会性を強めていくことになる。

永仁《えいにん》の徳政令《れい》▲によって御家人に戻された所領を経営していた代官のなかには、所職を失う者が多く含まれていた。彼らのなかから、経営していた土地を離れずに城郭を構えたり、刈田狼藉《かりたろうぜき》を繰り返して荘園の経営を妨げる悪党がでてくることになる。鎌倉時代の歴史用語としての悪党は、永仁の徳政令による社会的混乱と寒冷化の始まりが重なった乾元《けんげん》から正安《しょうあん》のころから問題の表面化が始まり、京都の政局が混乱した正中《しょうちゅう》のころに激化しはじめた。六波羅探題《ろくはらたんだい》や西国の守護は後者の悪党に翻弄されて疲弊し、幕府の威信を低下させていくことになる。

一方、北条氏や有力御家人の家政運営は御家人制に拘束されることがなかったので、財務に通じた富裕層を被官に取り込んだり、被官のなかから財務に通

▼無足御家人　鎌倉幕府の御家人は源頼朝の時代に原型が形成されたが、その後の政治経済の構造変化に対応できず、所領を失う御家人が増加していった。このような御家人役を負担する能力のない御家人を無足御家人という。

▼徳政と徳政令　徳政は、中国の皇帝が行う徳に満ちた善政をいう。対となる用語に損政がある。徳政・損政は祥瑞《しょうずい》や災異といった天の示す予徴《よちょう》によって判断されるので、その対応も改元《かいげん》・祈禱《きとう》・新制発布・謹慎と天に対するものとなる。中世の法令として有名な徳政令は、土地を本来の持ち主に戻すことで、土地と人の関係をあるべき姿(原状復元)に戻すという点では徳政(善政)に通じるものがあるが、本来的な意味での徳政とは別である。

じた有徳人《うとくにん》が成長したりと、家政機構は時代の変化に対応していった。また、鎌倉の権門のなかでも富を蓄積させた家は家政機構の拡張にともなって経営規模の小さい御家人を被官に採用したので、鎌倉の武家社会における貧富の差の拡大に対する一定の調整機能を果たした。ただ、鎌倉の権門に集中した富の一部を被官の増加という形で再分配しても、鎌倉幕府本体の衰退がとまることはなかったので、富の集中によって生ずるひずみをとめることはできなかった。

得宗被官のなかからも、派遣された畿内で権門寺院と衝突し、悪党となった人がいる。南朝《なんちょう》の忠臣として語られる楠木《くすのき》氏は、駿河国入江荘《するがのくにいりえのしょう》(現、静岡県静岡市)の住人であった。楠木は現在も清水《しみず》区に楠・楠新田《しんでん》の地名が残るが、清水港に近い場所である。杉や楠は船の用材に使われた木であり、清水区を流れる巴川《ともえがわ》から出土した鎌倉時代の川船は楠が素材である。楠木正成《まさしげ》の先祖は駿河国入江荘の湊《みなと》の管理にかかわっていた御家人で、得宗家が長く駿河国守護をつとめたことから被官化し、河内《かわち》国玉櫛《たまぐし》荘など畿内の所領の代官として赴任したと推測される。楠木正成が悪党になったのは、臨川寺《りんせんじ》領和泉《いずみ》国若松《わかまつ》荘をめぐる相論《そうろん》で悪党と名指しされたためであった。

現状維持型の政権運営

最後に第四の要因であるが、高時政権の特徴である漸進主義に原因があるということができよう。高時政権に、対元戦争のために挙国体制をつくろうとした北条時宗《ときむね》、対元戦争の現場をみて御家人制を変質させてでも九州地方の支配権を強めることで疲弊した幕府を再生させようと考えた安達泰盛、改革についていけない御家人の不満を察知して急進的な改革の揺返しをはかった平頼綱といった政治家の姿はみえない。むしろ、改革の嵐に疲れた鎌倉幕府は、高時政権のもとで静かなときをすごそうとしていた。

『保暦間記《ほうりゃくかんき》』は、北条貞時がなくなるにあたって、安達時顕《ときあき》・長崎高綱《たかつな》を後見に指名し、自分の政治を先例として高時を支えるよう指示したと伝えている。高綱は得宗家を主導する老練な官吏といってよいが、時顕は一軍の将としての毅然とした剛《つよ》さをもった人にみえる。『保暦間記』には記されないが、高時の母大方殿も、高時・時顕に対して強い影響力をもつ存在であった。

高綱が平禅門の乱で滅ぼされた平頼綱の弟の孫であり、時顕は霜月騒動で滅ぼされた安達泰盛の弟の孫で、霜月騒動のときには乳母《めのと》▲にかくまわれて危機を

▼**乳母と乳母夫**　乳母は、主人の子の養育係としてつけられた女性をいう。乳母夫は、主人の子どもをあずかって養育する後見人となる男性である。後見役となる家《か》長《ちょう》が乳母夫、家長の子どものなかで腹心となるべく育てられた子どもが乳母子《めのとご》である。

脱したという。この二人に絡んでくるのが、連署金沢貞顕である。貞顕もまた、霜月騒動で乳母夫《めのと》▲富谷左衛門入道《とみがやさえもんにゅうどう》に保護されて、下総国《しもうさ》埴生《はぶ》西条《さいじょう》富谷郷《とみがやごう》（現、千葉県白井《しらい》市）で幼少期をすごした。この三人が首脳部であれば、最後の一線で踏みとどまっておだやかな決着をつける決定をする可能性が高いであろう。

しかし、次の世代となる中堅層には個性の強い人材が揃っていた。

長崎高綱の嫡子高資は一三一六（正和《しょうわ》五）年に得宗家執事《しつじ》を継いで家政の中心にいたが、『太平記《たいへいき》』巻第二「長崎新左衛門尉《じょう》意見事、附阿新殿事《つけたりくまわかどの》」では上層部の穏便な考え方を批判したとみえるし、一三三〇（元徳《げんとく》二）年の騒動では高時に対して誰が黒幕かと詰めよっている。彼が鎌倉幕府滅亡の実質的な責任者と批判されるのは、終末期の鎌倉幕府を主導したことが強い印象として残っているためであろう。高資は、後醍醐天皇と対峙できるだけの強さをもった鎌倉の指導者と再評価してよいのではないだろうか。

政所執事《まんどころしつじ》二階堂《にかいどう》氏は、初代主計允《かずえのじょう》二階堂行政《ゆきまさ》が▲源頼朝《みなもとのよりとも》から財務や事務の才を認められた。以後、政所執事を世襲して一族が広がっていった。一三二九（嘉暦《かりゃく》四）年に二階堂貞衡《さだひら》と政所執事職を争った二階堂貞藤《さだふじ》▲（法名道蘊《どううん》）は、嘉

▼二階堂行政　生没年未詳。民部《みんぶ》省主計寮《かずえりょう》につとめた下級官人。源頼朝の縁者で、鎌倉幕府が成立すると鎌倉にくだり、政所に出仕して財務畑の仕事をするようになった。永福寺《ようふくじ》（二階堂）周辺に住んだことから二階堂を通称とし、二階堂氏の祖となった。

▼二階堂貞藤　一二六七～一三三四年。鎌倉幕府の政所執事。嘉暦の皇位継承問題で後醍醐天皇を追い詰めたことから、「朝敵ノ最一」と呼ばれた。賢才の誉れが高く、鎌倉幕府滅亡後は建武《けんむ》政権に仕えたが、陰謀を企てたとして処刑された。

暦・元徳の皇位継承問題で在京して鎌倉幕府の意思を持明院統《じみょういんとう》支持に導き、元弘《げんこう》の変《へん》では大塔宮護良親王《だいとうのみやもりよししんのう》の吉野《よしの》城を攻め落としたあと、千早《ちはや》城攻めの軍勢に合流した。後醍醐天皇は「朝敵《ちょうてき》ノ最一《さいいち》、武家ノ輔佐タリシカ共、賢才ノ誉《ほまれ》、兼テヨリ叡聞《えいぶん》ニ達セシカバ」と評しているが、貞顕はみずから賢才を誇るうぬぼれの強さを嫌悪していた。貞藤は頭はよいが押しの強い個性的な性格だったのであろう。

高資・貞藤ほどの知名度はないが、摂津《つの》親鑒《ちかあき》もまた仕事のできる能吏として活躍した。摂津氏は、四代将軍九条頼経《くじょうよりつね》の侍読《じとう》として鎌倉にくだり、北条泰《やす》時《とき》の御成敗式目《ごせいばいしきもく》制定に協力した明経道《みょうぎょうどう》の学者中原師員《なかはらもろかず》の子孫である。師員以来、中原師連《もろつら》・摂津親致《ちかむね》・摂津親鑒と四代にわたって評定衆《ひょうじょうしゅう》をつとめた文官《ぶんかん》で、大江広元《おおえのひろもと》の嫡流長井《ながい》氏に次ぐ家格をもつ高官と考えられる。

親鑒は文保《ぶんぽう》の和談《わだん》で鎌倉の意向を伝える使節として大覚寺統《だいかくじとう》と持明院統の調停をつとめたり、嘉暦の騒動で金沢貞顕に執権《しっけん》就任を要請したりと、高時のために働いてきた。一三三三(正慶《しょうきょう》二)年五月二十二日の東勝寺《とうしょうじ》では、長崎高《たか》重《しげ》▲が親鑒に杯を献じ、「私の自害を肴《さかな》に一献《いっこん》傾けてください」といって腹を切っ

▼**長崎高重**　?〜一三三三年。長崎高綱の孫で、高貞《たかさだ》の子。長崎二郎《じろう》と称する。一三三三(正慶二)年の分倍河原《ぶばいがわら》合戦・鎌倉合戦で活躍し、北条高時とともに鎌倉葛西谷《かさいがやつ》の東勝寺で自害をとげた。

てみせた。親鑒もまた、「このような肴を献じられたら、下戸《げこ》でも呑まぬわけにはゆきますまい」と一献を傾け、続いて自害している。長崎氏と親鑒の関係の深さを伝える話である。親鑒は御内宿老《みうちしゅくろう》に列していたので、得宗家の高官もかねていたと考えてよいのだろう。

高時政権は、眼前の仕事をそつなくこなす能吏の集団であった。そのため、執権高時をみると、改革を行った気配は少ない。『保暦間記』は、貞時の時代を先例とした先例主義の政治をその特徴としてあげるが、文保の和談のように両統迭立の慣例を破る場合でも、後宇多《ごうだ》上皇《じょうこう》の提案にそって調整を行う努力をした。高時政権は、先例主義という原則論を掲げたうえで、現実を原則論の枠組みのなかにおさめることで先例を守る形式をとり、最終的には現実に即した対応をする官僚的な手法が強くでた政権であった。病弱な北条高時を有能な官僚集団が支えることで大過なく政権運営を行っていったことが特徴といえる。

④―金沢貞顕と金沢文庫

金沢文庫と称名寺

金沢《かねさわ》氏の本拠地は、武蔵国《むさしのくに》久良岐郡《くらきぐん》六浦荘《むつらのしょう》金沢郷《かねさわごう》(現、横浜市金沢区《かなざわ》)である。初代実泰《さねやす》は蒲谷殿《かまりやどの》と称したので、六浦荘蒲里谷郷《かまりや》に館《やかた》を構えたと推測される。二代実時《さねとき》は金沢郷に本拠地を移し、後深草《ごふかくさ》天皇即位のころ(一二四六年)に称名寺《しょうみょうじ》を創建した。当初は浄土教《じょうどきょう》寺院であったが、極楽寺《ごくらくじ》長老忍性《ちょうろうにんしょう》の推薦を受けた審海《しんかい》を長老に迎え、一二六七(文永《ぶんえい》四)年に西大寺《さいだいじ》流の律《りつ》院▲に改めた。

金沢文庫《かなざわぶんこ》の創建を伝える史料はないが、十四世紀初頭の長井貞秀《ながいさだひで》▲書状に金沢館の文庫《ふみくら》がはじめて記載される。金沢家や称名寺の人びとは、金沢館の文庫を単に「文庫」と呼んだ。自家の文庫なので、略称でよかったのである。

実時は、鎌倉《かまくら》の館に保管していた蔵書を火災で幾度となく失った。京都の公家《くげ》は、市街の館に写しをおき、郊外の本拠地や菩提寺《ぼだいじ》に構えた文庫に原本を保管していた。実時は清原教隆《きよはらののりたか》▲を腹心にもつので、公家の文庫の運用法を知っていたと考えられるが、文永年間(一二六四〜七五)になってもまだ、鎌倉の火

▼**西大寺流律宗**　鎌倉時代に、叡尊《えいぞん》が中心となって成長した流派。本来、律は出家者《しゅっけしゃ》が守るべき規範であったが、日本では成仏《じょうぶつ》するために守るべき規範とされ、権威が高められた。真言密教を兼学《けんがく》した叡尊が率いた集団は南都《なんと》の西大寺を拠点としたことから西大寺流と呼ばれる。

▼**長井貞秀**　?〜一三〇八年。引付頭人《ひきつけとうにん》長井宗秀《むねひで》の嫡子。金沢貞顕の従兄弟である。その早すぎる死は周囲の人びとを悲嘆にくれさせた。長井氏の長井洒掃《さいそう》文庫と金沢氏の金沢文庫は頻繁に蔵書の貸借が行われた。

▼**清原教隆**　一一九九〜一二六五年。明経道清原氏の清原仲隆《なかたか》の子。摂政九条道家の命によって一二四一(仁治《にんじ》二)年に鎌倉にくだり、将軍御所に出仕した。摂家《せっけ》将軍の衰退後は北条実時の側近として活動するようになり、清家《せいけ》の家学を金沢氏の人びとに伝授していった。

災で失った書物の欠本補充を行っていた。金沢館の文庫が整備されるのは、意外に遅い可能性がある。実時は賢者であるが、一代で富を築いた財政家でもあった。文庫も、書物を保存用と消耗品の二組を用意して使うゆとりのある経営を行うまでの経済的な余裕はなかったのであろう。と考えると、実時の文庫は当面使用しない書物を保存する書庫ということになる。

金沢文庫の名前は、蔵書印に由来する。文献にはじめて記載されるのは、金沢氏が滅亡したのちに称名寺長老に就任した湛睿《たんえい》の書状である。

実時の収書と貞顕の収書

実時は北条経時《ほうじょうつねとき》・時頼《ときより》・時宗《ときむね》三代に仕えた賢臣で、北条氏一門《いちもん》のなかでも末流に近かった金沢氏を鎌倉幕府の重臣に昇格させることに成功した。幕府の中枢で昇進した実時は、鎌倉で活動する知人と交渉して書物を書写したり、京都に人を派遣して写本をつくらせたりと、鎌倉にいながら収書を行っていった。実時は将軍御所《ごしょ》に出仕する御家人《ごけにん》の管理・行列編成・年中行事への人の配置を行う小侍所《こさむらいどころ》▲別当《べっとう》をつとめたので、将軍御所の儀礼に深くかかわっていた。

▼**小侍所**　将軍御所に出仕する御家人を管理する役所。三代将軍源実朝《みなもとのさねとも》暗殺事件後に、侍所の機能の一部を分割する形式で成立した。将軍家出御の行列編成、将軍御所出仕の結番編成、正月年中行事的始《まとはじめ》の運営など、さまざまな仕事があった。

実時には、執権《しっけん》の腹心にふさわしい政治的な素養と、将軍御所に出仕する公家や官人《かんにん》との打合わせを行うのに必要な深い教養が求められた。実時を助けたのが五代将軍九条頼嗣《くじょうよりつぐ》の侍読《じとう》をつとめた明経道《みょうぎょうどう》の学者清原教隆で、教隆は実時の学問の師となるとともに、側近として補佐していった。実時の収書が為政者の学問という性格に傾いていくのは、彼のおかれた政治的立場に由来すると考えてよいだろう。

貞顕《さだあき》は、六波羅探題《ろくはらたんだい》をつとめた時期に積極的な収書を行った。六波羅探題府の長官として赴任したことから、公家社会のなかで「文書《もんじょ》に富む家▲」といわれた公家・官人・博士家《はかせけ》や六波羅探題の職員に依頼して、書物や記録を収集していった。使える人脈を駆使して、積極的に集めた形跡がある。貞顕が集めたのは、歴史書・法律書・故実書《こじつしょ》など公家社会を理解するためのもので、金沢氏が六波羅探題を重代《ちょうだい》の職としてつとめるために必要な資料を貪欲に集めたと考えてもよいだろう。

金沢文庫本の充実と表現するとみえてこないが、金沢氏が鎌倉幕府の重臣として振る舞うために必要な書物を集めようとした実時と、金沢氏が六波羅探題

▼**文書に富む家**　公家社会が家内教育によって後継者の育成をはかった十世紀以後、官人としての職務の遂行、家業の継承、家政の運営などに必要な資料はそれぞれの家で保管するようになった。文書に富む家は、典籍・文書を数多く継承して有職故実《ゆうそくこじつ》に通じた家をいう。

を代々つとめられるようにするために資料を積極的に収集した貞顕では、収書の目的が明らかに異なっていた。

金沢文庫に収蔵されたもの

金沢文庫は、金沢氏が金沢館に構えた保存用の文庫である。そこに収蔵されたものを、京都の公家や官人の文庫から類推すると次のようになる。

(1)家政運営に必要な書類や文献
(2)家業をつとめるのに必要な日記・記録・次第書
(3)菩提寺称名寺とのやりとりに必要な書類や宗教関係文書
(4)家としての教養を形成するために必要な和漢の典籍
(5)歴代当主の嗜好によって収集された趣味の典籍

(1)・(2)は、金沢氏の性格を示す重要な資料を多く含んだ一群であるが、金沢家の資料を引き継いだ称名寺には必要性が低いため、先例となるものや手継ぎ文書となるもの以外は、あまり残っていない。(3)は、鎌倉幕府滅亡後の称名寺が、財産権を示す証拠書類とするために選別して残した資料群である。(4)・(5)

は、いわゆる金沢文庫本と呼ばれる典籍群で、金沢文庫印のあるもの、奥書《おくがき》や筆跡などで金沢氏が書写したり所持したことのわかる書物群が、これに相当する。この一群の書物が善本や骨董品として流通したことにより、金沢文庫本は一級の美術品として世に知られることになった。

金沢文庫本の特徴

中世日本の教養は詩歌管弦《しいかかんげん》(漢詩《かんし》・和歌《わか》・雅楽《ががく》)といわれるが、漢詩文(文章《もんじょう》道《どう》・明経道)を家学《かがく》として学ぶ家は和歌の家に比して家格が低く、実時は同格の家として明経道清原氏から漢籍訓読の伝授を受けた。また、貞顕は将軍御所の殿上人《てんじょうびと》に列していたので、格下の家として明経道清原氏に接することになった。金沢氏は、明経道清原氏の助力をあおぎながら金沢文庫本を収集していった。

鎌倉で北条氏本家を補佐していた実時は摂政《せっしょう》九条道家《みちいえ》が鎌倉に派遣した清原教隆から伝授を受けたが、六波羅探題として上洛した貞顕は明経道清原氏の本家から直接伝授を受けていた。金沢文庫本の漢籍がもつ大きな特徴は、鎌倉

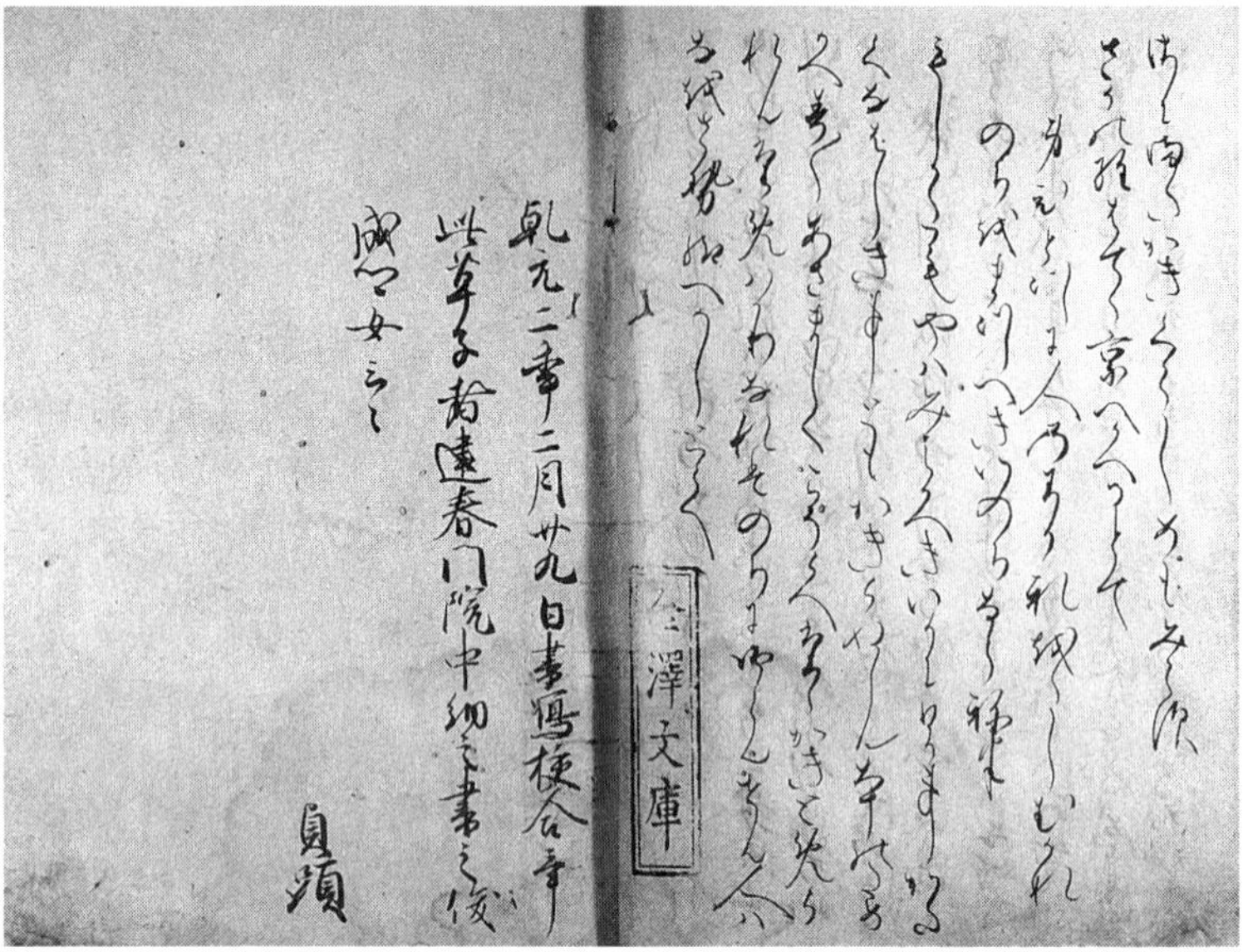

『**たまきはる**』 歌人藤原定家の姉が綴った回想録。建春門院《けんしゅんもんいん》・八条院《はちじょういん》の御所での出来事が記されている。末尾に，金沢文庫印と金沢貞顕の奥書がある。

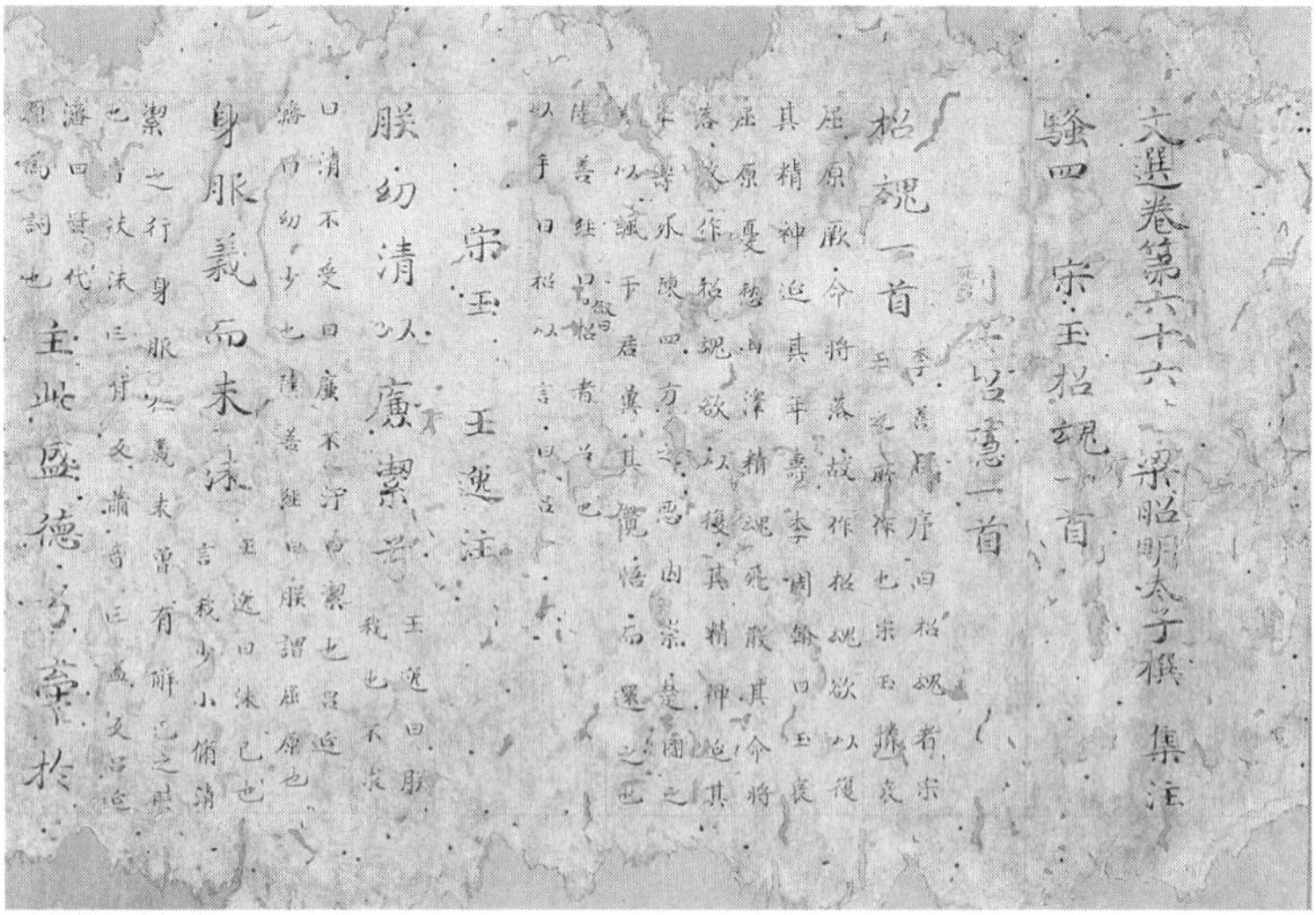

『**文選集注**《もんぜんしゅうちゅう》』 平安時代に書写された漢詩文集。北条顕時と金沢貞顕父子も『文選』を愛読した。

時代の明経道清原氏の家説を今日に伝えていることである。

金沢貞顕は、金沢氏の家学とは別に、六波羅探題の職務をつとめるために書物を収集した。亀山《かめやま》天皇即位までの朝廷の歴史を綴った年代記『百練抄《ひゃくれんしょう》』、藤《ふじ》原信西《わらのしんぜい》が編纂した法律書『法曹類林《ほっそうるいりん》』、藤原定家《さだいえ》の姉の回想録『たまきはる』、大外記《だいげき》中原師兼《なかはらのもろかね》が部類したものを文章道日野《ひの》家が書き継いで使った『院号定《いんごうさだめ》部類記《ぶるいき》』、六波羅奉行《ぶぎょう》人水谷《にんみずたに》家が所持していた蔵人《くろうど》の職務の解説書『侍中群《じちゅうぐん》要《よう》』など、朝廷の政務や儀礼に関する参考資料がならんでくる。貞顕の夫人たちも、宮廷《きゅうてい》文化を学ぶために『建礼門院右京大夫集《けんれいもんいんうきょうだいぶしゅう》』や『枕草子《まくらのそうし》』などを収集していた。

戦国大名《だいみょう》の北条氏直《うじなお》が所持した北条本『吾妻鏡《あずまかがみ》』▲には一四〇四(応永《おうえい》十一)年に金沢文庫本を書写したことを記す奥書があるが、応永本を『吾妻鏡』の成立年代から推測すれば、金沢貞顕の収集本と推定することは可能である。

称名寺のこと

北条実時は一二四六(寛元《かんげん》四)年ごろに称名寺を浄土教寺院として創建したが、

▼**『吾妻鏡』**　北条本は戦国大名の後北条《ごほうじょう》氏に伝来した写本。一四〇四(応永十一)年に金沢文庫本を書写したことを記す本《ほん》奥書があった。この奥書から金沢氏が『吾妻鏡』編纂に関与したと推測されてきたが、近年は問注所執事《もんちゅうじょしつじ》三《み》善《よし》氏が中心にいたと考えられるようになった。

六七(文永四)年には極楽寺の支援のもとに審海を長老に迎え、西大寺流の律院へと改組させた。これにより、金沢氏の菩提寺称名寺は、極楽寺につぐ鎌倉の有力な律院として地位を固めることになった。

九代執権北条貞時《さだとき》は、鎌倉幕府のために祈禱《きとう》を行う関東祈禱寺▲を組織した。関東祈禱寺は、将軍家を護持する「貴躰安穏《きたいあんのん》」や鎌倉幕府を守護する祈禱を行うことで鎌倉幕府の保護を受けた。現在のところ、称名寺が関東祈禱寺に列したと記す文献はないが、称名寺は北条高時《たかとき》の依頼を受けて京都静謐《せいひつ》・蝦夷《えぞ》静謐などの祈禱を行っているので、その可能性が高いと推測してよい。

金沢貞顕と称名寺二世長老釼阿《けんあ》は、鎌倉で北条氏一門の僧有助《ゆうじょ》と対立していた亀山天皇の皇子益性法親王《やくしょうほっしんのう》▲を支持することで、益性法親王から真言密教広沢《しんごんみっきょうひろさわ》流のなかでも仁和御流《にんなごりゅう》と呼ばれる流派の伝授を受けた。鎌倉で御流の伝授を受けたのは極楽寺長老順忍《じゅんにん》・称名寺長老釼阿・武蔵僧正経助《そうじょうけいじょ》の三人のみで、御流を継承する寺院として称名寺は権威づけられていった。釼阿が益性法親王から受けた仁和御流の伝授の多くは一代かぎりで、釼阿の死後は継承を許された一部の教義以外は本寺《ほんじ》に戻すことになっていたが、鎌倉幕府滅亡による混乱

▼**関東祈禱寺**　朝廷の玄蕃《げんば》寮が管理する官僧《かんそう》・官寺《かんじ》のなかで、天台《てんだい》・真言・南都六宗の有力寺院は鎮護《ちんご》国家の祈禱を請け負う権門寺院に成長した。鎌倉幕府は将軍家と幕府を護持する寺院の集団を組織し、関東祈禱寺と称した。

▼**益性法親王**　一二八四〜一三五二年。亀山天皇の皇子で、開田《かいでん》准后法助《じゅごうほうじょ》の弟子。真言密教広沢流の継承者で、仁和寺上乗院《じょうじょういん》を継承した。順忍・釼阿・経助を味方として、鎌倉での地位を北条氏一門の頼助と争った。この親密な関係のなかで、益性から釼阿への仁和御流の継承が行われた。

と後醍醐《ごだいご》天皇の建武新政《けんむのしんせい》に協力して冷遇された益性法親王の法流の断絶によって称名寺に残されたままとなった。この聖教《しょうぎょう》群は中世東国《とうごく》の真言密教の展開を考えるうえで重要な資料となっている。

また、金沢貞顕と釼阿は、称名寺を鎌倉幕府の祈禱を行うにふさわしい権門《けんもん》寺院へと格上げすべく、一三一六(正和《しょうわ》五)年から二二(元亨《げんこう》二)年ごろにかけて大規模な造営を行った。この造営がほぼ完成したころの称名寺の中枢部を描いたものが重要文化財「称名寺絵図」で、中央に金堂《こんどう》を配置した本格的な密教寺院の様相を示している。この絵図をとおして、このときの造営は金沢家の菩提寺から鎌倉幕府のために祈禱を行う権門寺院への昇格にあわせた大規模なものであったことがうかがえる。金沢氏の菩提寺称名寺は、当初浄土教寺院として創建され、北条実時によって西大寺流の律院に再整備され、金沢貞顕によって鎌倉幕府の祈禱依頼に応えられる権門寺院に昇格したと考えてよいのである。

⑤—鎌倉幕府崩壊

分裂の始まり

一三二六(正中《しょうちゅう》三)年三月六日、北条高時《ほうじょうたかとき》の病が重くなったので、長崎高資《ながさきたかすけ》亭で平癒の祈禱《きとう》が行われた。十三日、高時の病は死命にかかわるものと判断され、高時は執権職《しっけんしょく》を辞して出家《しゅっけ》をとげ、法名を崇鑑《すうかん》と称した。高時の出家を聞いた連署金沢貞顕《れんしょかねさわさだあき》も出家の願いをだしたが、得宗家《とくそうけ》の判断で保留とされ、執権就任の逆提案がだされた。高時出家による得宗家の家督と執権職をめぐる後継争い嘉暦《かりゃく》の騒動の始まりである。

まず、事件の前提をみていこう。北条氏と安達《あだち》氏の姻戚関係は、安達景盛《かげもり》の娘(松下禅尼《まつしたぜんに》)が早世した三代執権北条泰時《やすとき》の嫡子時氏《ときうじ》の正室となったことに始まる。以後、安達氏は四代経時《つねとき》・五代時頼《ときより》・九代貞時《さだとき》・十四代高時の外戚《がいせき》をつとめた。このような状況のなかで、一三二五(正中二)年十一月二十二日に得宗被官《ひかん》五大院宗繁《ごだいいんむねしげ》▲の妹を母とする高時の長子邦時《くにとき》▲が誕生した。

高時が出家をとげたとき、邦時は生後一〇〇日前後であり、家督は継げても、

▼**五大院宗繁**　生没年未詳。北条氏本家《ほんけ》の被官。妹が北条高時の妻となり、邦時が誕生した。一三三三(正慶二)年五月の鎌倉合戦では邦時を落とすようにあずけられるが、裏切って新田方に情報をもらした。晩年は困窮して飢死にしたと伝えられる。

▼**北条邦時**　一三二五〜三三年。北条高時の長子。一三三一(元徳三)年十二月十五日に元服。鎌倉幕府滅亡後は伊豆国に向かって逃走するが、相模川の渡し場で船田《ふなだ》入道に捕えられ、一三三三(正慶二)年五月二十八日に鎌倉で処刑された。

執権就任は元服《げんぷく》を待たなければならなかった。邦時が嫡流の地位を継ぐためには、嫡流を変える心配のない誰かが中継ぎをつとめる必要があった。ここに、得宗と執権職の補任をめぐる人事争い嘉暦の騒動が展開していくことになる。

嘉暦の騒動

三月十三日、得宗家は高時の後継選びで忙しく動きはじめた。高時の意向を受けた長崎高綱《たかつな》は、長子邦時に家督を継がせるために、連署貞顕に対する執権就任の説得に動いた。貞顕は内意を受けても、高時に随って出家する意思は変わらず、辞表を用意していた。御内宿老《みうちしゅくろう》である貞顕は寄合《よりあい》に出席すべき立場にあったが、辞意を示していたので欠席した。得宗家から執権就任を伝える使者が到着したのは、三月十六日朝のことである。

長崎高綱が、貞顕に執権就任を納得させた言葉は「若君御扶持《ごふじ》」であった。用語を区別しておくと、乳母夫《めのと》は養育係のなかから撰ばれた後見人、扶持役は儀式など公的な場での介添え役である。邦時には大御乳《おおおち》と呼ばれる上席の乳母《めのと》がつけられたが、乳母のまとめ役には長崎思元《しげん》▲の妻がついた。乳母夫には長崎高

▼**長崎思元**　?〜一三三三年。長崎高綱《たかつな》の兄弟高光《たかみつ》の法名と推定される。妻の深沢《ふかざわ》殿が邦時の乳母となる。一三三三(正慶二)年五月二十二日の鎌倉合戦では、小町口で激戦を展開したのちに東勝寺に戻り、北条高時とともに自害した。

資がつき、長崎氏を中心に邦時を支える体制がととのった。

邦時が得宗家の家督を継ぐことで外戚の地位を失う安達氏は、高時の弟泰家《やすいえ》▲を推して外戚の地位を維持しようとした。安達氏は、邦時が誕生した日の祝儀も無視するほど、その存在をきらっていた。しかし、この騒動でもっとも重要な意味をもつ得宗北条高時の意思は邦時にあった。

三月十六日、金沢貞顕は執権に就任し、即日、評定始《ひょうじょうはじめ》▲を開いて政務を開始した。しかし、泰家が執権に就任できなかったことをいきどおって出家をとげると、泰家支持の人びともあいついで出家をとげた。鎌倉《かまくら》には、高時のあとを追った出家と泰家のあとを追った出家があいつぎ、入道《にゅうどう》が一気にふえてしまった。貞顕は江間越前前司時見《えまえちぜんのぜんじときみ》と面談したとき、この人は出家しないのかと訝《いぶか》っている。このころになると、貞顕は泰家支持派の不満が自分に向いていることがわかり、身の危険を感じはじめていた。三月二十日付の書状には「やかて〳〵火中に入られ候へく候(読み終ったら、火中にいれてください)」と他者に書状を読まれることを警戒した文言が記されている。しかし、受け取った金沢貞将《さだゆき》は、いずれつくる貞顕供養経料紙《くようきょうりょうし》として、この自筆書状を称名寺《しょうみょうじ》長老釼《ちょうろうけん》

▼**北条泰家**　生没年未詳。九代執権北条貞時の子。嘉暦の騒動で、高時の長子邦時と家督を争い、出家をとげた。一三三三(正慶二)年五月の鎌倉合戦に敗れると脱出し、西園寺公宗《きんむね》のもとに隠れて時興《ときおき》と改名した。一三三六(建武《けんむ》三)年二月には、南朝方として信濃《しなの》国で挙兵した。

▼**評定始**　鎌倉幕府の会議評定をはじめて行う際の儀式。将軍家や執権の交替にともなう代始めや、年始めの評定始があった。

阿《あ》にあずけた。それゆえ、焼却を依頼したはずの書状が残ることになった。

　得宗家の内紛を目のあたりにした一門《いちもん》の人びとは、十五代執権金沢貞顕の連署に就任することをしぶった。連署に昇進する役職は引付頭人《ひきつけとうにん》か六波羅探題《ろくはらたんだい》であり、かつ執権・連署を重代《ちょうだい》とする家が優先された。赤橋守時《あかはしもりとき》▲・甘縄顕実《あまなわあきざね》・塩《しお》田時治《たときはる》・大仏貞直《おさらぎさだなお》・常葉範貞《ときわのりさだ》・金沢貞将が対象であるが、貞顕の一族顕実・貞将を除くと、守時・時治・貞直・範貞が候補となる。さらに、六波羅探題として在京する範貞を除外すれば、守時・時治・貞直のいずれかということになる。この三人にしぶられると抜擢人事を行わなければならなくなるが、貞顕には腹案があったようである。身の危険を感じはじめた貞顕は、再度辞意をもらした。長崎氏としても、泰家を出家に追い込んだことで貞顕擁立の最低限の目的は達していたので、今度は慰留に固執しなかった。貞顕が三月二十六日に出家をとげたのち、赤橋守時が四月二十四日に十六代執権に就任する。

　嘉暦の騒動は、高時の病が恢復したことで無用の騒動となった。しかし、高時を中心とした求心力の低下、鎌倉幕府に走らせた亀裂はその後の政権運営をむずかしいものにしていくことになった。

▼**赤橋守時**　一二九五～一三三三年。鎌倉幕府の十六代執権。重《しげ》時《とき》流北条久時《ひさとき》の子。嘉暦の騒動をへた一三二六(嘉暦元)年四月二十四日に執権に就任し、北条邦時の扶持役にも就任した。一三三三(正慶二)年五月の鎌倉合戦では洲崎に布陣し、一昼夜の激戦のあとに自害をとげた。

追い詰められる後醍醐天皇

一三二六(正中三)年三月二十日、東宮邦良親王《とうぐうくによししんのう》が二七歳で薨去《こうきょ》した。文保《ぶんぽう》の和談《わだん》で次の東宮は持明院統《じみょういんとう》の量仁《かずひと》親王と決められていたので、これを機に持明院統からの後醍醐《ごだいご》天皇退位の要求が強まりはじめた。嘉暦・元徳《げんとく》の皇位継承問題の始まりである。この二つは別々に起きた事件であるが、後醍醐天皇に譲位を迫る包囲網の形成で一体化していった。

持明院統は、文保の和談で量仁親王が大覚寺《だいかくじ》統の邦良親王の次とされたことで鳴りを潜めていたが、七月の量仁親王立太子《りったいし》で活気を取り戻した。後伏見《ごふしみ》上皇《じょうこう》は、後醍醐天皇に対して花園《はなぞの》天皇の先例にならって在位一〇年を目途に譲位すべきだと迫りはじめた。後醍醐天皇は一三一八(文保二)年の即位なので、花園天皇の在位期間一〇年を例に譲位すべきとする主張は、先例主義から拒否することのむずかしい主張であった。

大覚寺統も量仁親王の次に邦良親王の皇子康仁王《やすひとおう》▲を考えていたので、後宇多《ごうだ》上皇・邦良親王の腹心六条家《ろくじょうけ》は、六条有忠《ありただ》▲を鎌倉に派遣して折衝を始めた。後醍醐天皇からみれば、廷臣《ていしん》の多くは後宇多・後二条《ごにじょう》・邦良・康仁を嫡流と考

▼康仁王　一三二〇〜五五年。東宮邦良親王の皇子。一三三一(元徳三)年に光厳天皇の東宮として親王宣下を受けたのちに立太子したが、後醍醐天皇の建武政権で廃太子された。大覚寺統の嫡流で、北朝が成立すると木寺宮《きでらのみや》家を興した。

▼六条有忠　一二八一〜一三三八年。後宇多法皇の側近であった六条有房《ありふさ》の子。嫡流の邦良親王・康仁親王を支えた大覚寺統の重臣で、嘉暦の皇位継承問題では鎌倉にくだって後醍醐天皇退位の働きかけを行った。

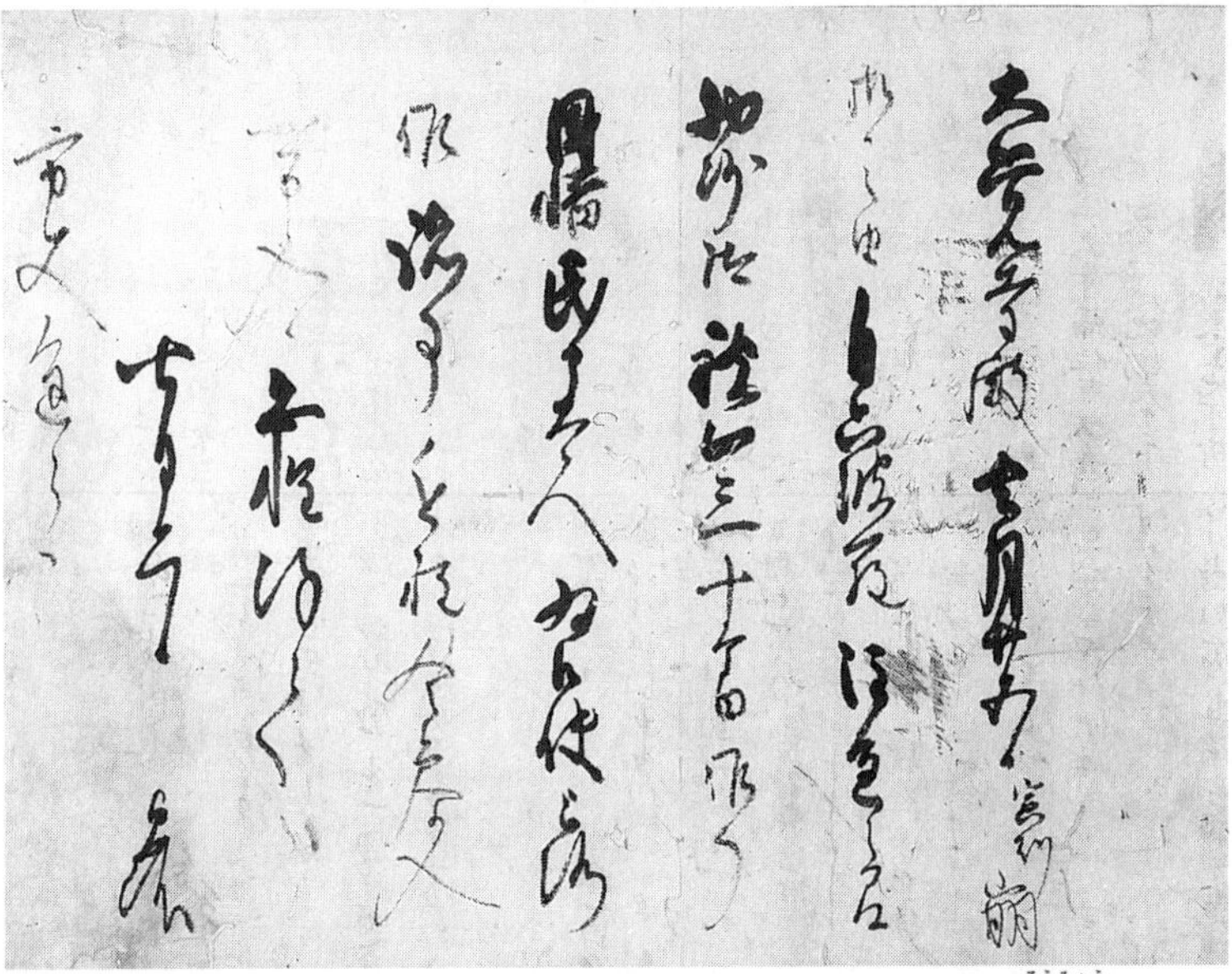

金沢貞顕書状　後宇多上皇の崩御を伝える書状。日付の下に貞顕の草名《そうみょう》がみえる。後宇多上皇の崩御により，後醍醐天皇と東宮邦良親王の対立をおさえる者がいなくなり，大覚寺統は分裂する。

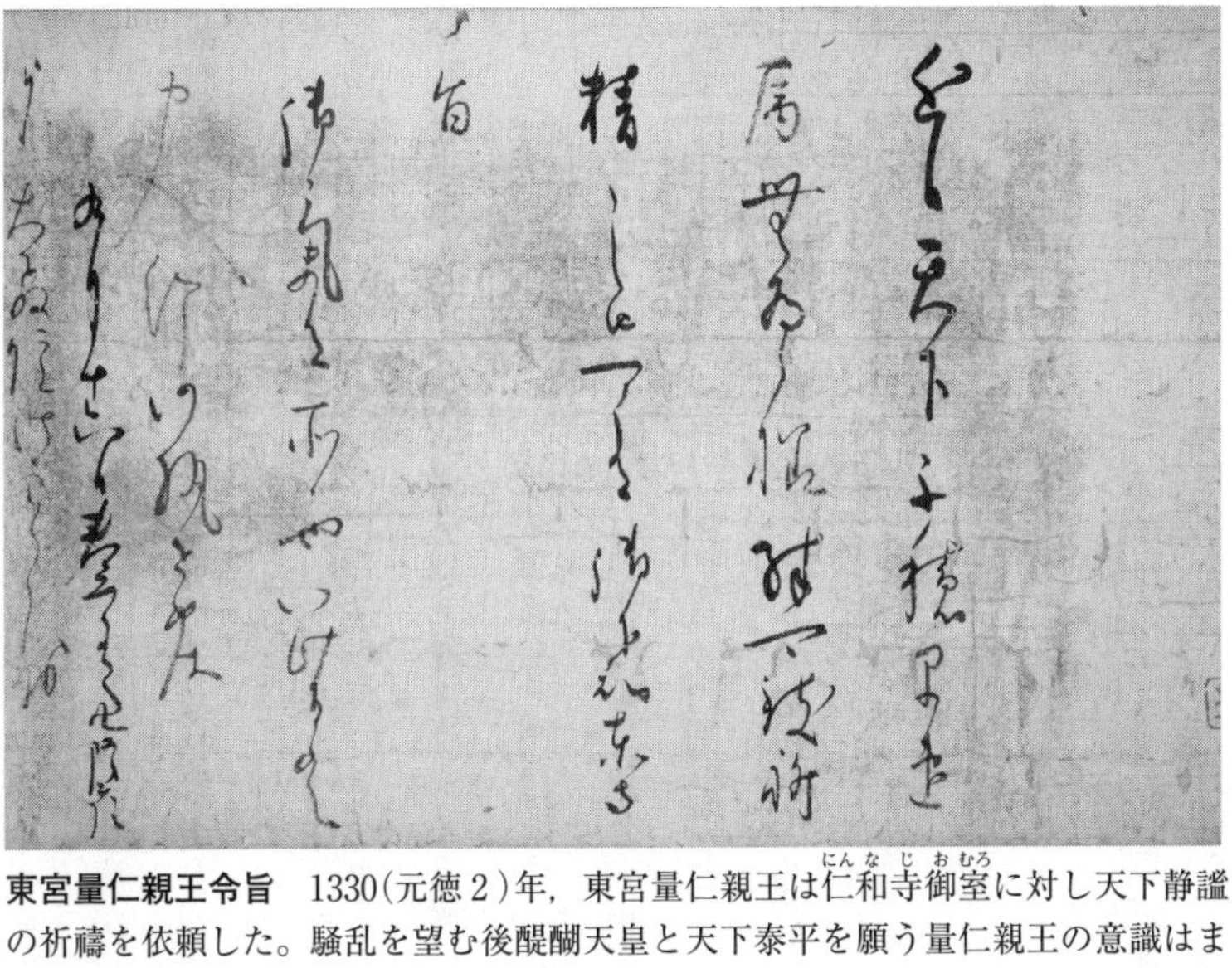

東宮量仁親王令旨　1330（元徳２）年，東宮量仁親王は仁和寺御室《にんなじおむろ》に対し天下静謐の祈禱を依頼した。騒乱を望む後醍醐天皇と天下泰平を願う量仁親王の意識はまさに対極にあった。

えるので、信用できる廷臣は少なかった。後醍醐天皇は一宮《いちのみや》尊良《たかよし》親王を東宮に立てることを願っていたが、亀山・後宇多・後二条・東宮邦良と嫡流が継承されてきた伝統は容易にくずすことができなかった。後醍醐天皇は既存の枠組みを壊さないかぎり、子どもへの皇位継承はないと考えるにいたったといえる。

持明院統は早期の譲位を希望していたので、大覚寺統が康仁王を東宮に推すことに異存はなく、大覚寺統嫡流と持明院統は連携して鎌倉幕府の了解を取りつけようとした。この件について、鎌倉幕府が異議を挟む内容はなかった。

後醍醐天皇が目的を達するためには、持明院統・大覚寺統・鎌倉幕府の三者が合意する枠組みを壊す必要があり、なかでも、体制維持の抑止力として強大な軍事力を誇る鎌倉幕府を最大の敵と考えた。後醍醐天皇が決意をあらたにしたとき、中世前期という時代を終らせる真の反主流が誕生するのである。

嘉暦の皇位継承問題と鎌倉の対応

一三二八(嘉暦三)年末、鎌倉には持明院統の使者柳原《やなぎはら》資明《すけあき》、大覚寺統の使者六条有忠、後醍醐天皇の使者万里小路《までのこうじ》宣房《のぶふさ》が集まっていた。将軍家は持明院統の九代将軍守邦《もりくに》親王で、大覚寺統が推す康仁王は六代将軍宗尊《むねたか》親王の皇女永嘉門院《えいかもんいん》が後見となっていたので、貞顕など鎌倉の重臣は康仁王に親近感をもっていた。これに対し、後醍醐天皇は鎌倉に対しても有力な交渉の窓口をもたなかった。『太平記《たいへいき》』が後三房《のちのさんぼう》として持ち上げる万里小路宣房は、大覚寺統を守るために後醍醐天皇を守ったので、後醍醐天皇が吉野《よしの》を本拠とした南朝《なんちょう》をつくると、孫の仲房《なかふさ》を守るために京都に残った。後醍醐天皇が大覚寺統を壊して南朝をつくったとき、多くの廷臣は持明院統に合流して北朝《ほくちょう》をつくることになった。

北条高時の周囲では、世代交代が進んでいた。高時の後見長崎高綱は、高齢を理由に高資に得宗家の運営を委ねていた。高資は邦時の後見であり、次期政権の中枢にはいることは既定の路線となっていた。『太平記』や『保暦間記《ほうりゃくかんき》』などの記述をみると、高資は真直ぐにものをいい、直線的に処理しようとする人に思われる。高資の強力な個性は、一方において強い指導力となってあらわれたが、今一方では傲慢《ごうまん》・驕慢《きょうまん》と批判の的となっていった。鎌倉幕府のなかで、長崎氏は侍《さむらい》(正六位上《しょうろくいじょう》相当)以上の地位をもたなかった。そのため、長崎氏が得宗高時の名代《みょうだい》の立場を越えて命令権を発動しようとすると、鎌倉幕府の重臣や有力御家人《ごけにん》と摩擦を起こすことになった。得宗家執事長崎高資が鎌倉幕府に影響を発揮するためには、得宗北条高時の代理として執権赤橋守時を通じた間接的制御をする必要があった。高綱は一方で得宗家執事として権力を行使し、一方で得宗家の外戚安達時顕《ときあき》と協調することで、鎌倉幕府の実力者の批判に対する十分な目配りをしていた。しかし、高資は後醍醐天皇との対決という危機的な局面において、北条氏の影響力を前面にだす強権的な権力行使をしようとして、鎌倉幕府の内部からも、外部である後醍醐天皇からも強い批判をあびることになった。元弘《げんこう》の変《へん》前後の動向をみると、鎌倉幕府の担当者と得宗家の担当者が連名ででてくるようになる。高資はその有能さと強さゆえに敵からも味方からも悪評をあびることになったと考えることはできないだろうか。

終末期の鎌倉幕府を混乱させる要因の一つが、政所執事《まんどころしつじ》二階堂《にかいどう》氏の派閥抗争である。一三二九(嘉暦四)年二月二日、二階堂行貞《ゆきさだ》が中風で倒れて急死した。その後任をめぐって、行貞の嫡子貞衡《さだひら》と二階堂貞藤《さだふじ》(法名道蘊《どううん》)との争いが表面化した。この時期、二階堂貞藤は皇位継承問題を調整するため、在京していた。貞藤は鎌倉を不在にしているあいだに貞衡が政所執事に補任されたことをいきどおり、西園寺家《さいおんじけ》出身の東北院僧正覚円《とうほくいんそうじょうかくえん》に接近して持明院統に有利な調整を始め、鎌倉幕府の意向を持明院統支持に引きずっていった。貞藤は安達時顕を味方につけ、永嘉門院支持の立場から大覚寺統嫡流支持にまわる金沢貞顕を憤激させることになった。貞顕は、二階堂道蘊の活動を言語道断と非難している。

持明院統の後伏見上皇は繰り返し譲位を迫ったが、後醍醐天皇は要求をはぐらかして先送りした。持明院統の人びとは鎌倉に使者を派遣して協力を求めたが、鎌倉幕府が一つにまとまれない状況にいらだっていた。二階堂道蘊と東北院僧正覚円の接近はあらたな展開をもたらし、東宮量仁親王の即位と大覚寺統の康仁王の親王宣下《せんげ》・立太子で調整が進められていった。持明院統は一三二九(元徳元)年十二月二十六日に東宮量仁親王の元服を行い、即位の条件をととのえていった。この間、後醍醐天皇のほうでは積極的に打つ手もなく、鎌倉調《ちょう》伏《ぶく》の祈禱を行うのみとなっていた。

鎌倉の内訌

一三三一(元徳三)年四月、大覚寺統の重臣吉田定房《よしださだふさ》が後醍醐天皇の挙兵計画

を鎌倉に密告した。定房は、後醍醐天皇の一宮尊良親王の後見をつとめていた。その定房が大覚寺統を守るために後醍醐天皇を切りすてる決断をしたところに、計画の無謀さを推しはかることができる。この知らせを受けた鎌倉幕府は、長崎泰光《やすみつ》・南条宗直《なんじょうむねなお》を上洛《じょうらく》させて日野《ひの》俊基《としもと》以下の首謀者を捕えて尋問し、鎌倉に送った。元弘の変の蹉跌《さてつ》によって、後醍醐天皇は完全に孤立した。鎌倉幕府が睨みをきかせ、持明院統が粘り強く交渉を続けていたら、後醍醐天皇は譲位に追い込まれていたであろう。

しかし、八月六日、鎌倉に政変が起きた。長崎高資を討つ陰謀が露見したとして長崎高頼《たかより》以下の高時側近が捕縛されたのである。長崎高綱・高資父子に詰められた高時は、自分は関係していないと白を切ることで精一杯であった。この事件は、高時が主導権を失ったことを内外に知らせることになり、鎌倉幕府の威信を失墜させることになった。『保暦間記』は、「亡気《うつけ》ナカラ、奇怪ニ思ヒケルカ」と、病床に伏しがちで世間の動きから遠ざかっていた高時が目にあまると考えるほど、高資の専横がひどくなったと説明している。高資がみずからの意思で専権をふるおうとしたのか、解体に向かっている鎌倉幕府を束ねていくためには強引な手法が必要だったのかは明らかでないが、鎌倉幕府の上層部を形成する人びとが主導的に動こうとしない以上は、彼のところに仕事が集中しても仕方のない現実があった。

この前年に執権赤橋守時は辞意を示していたが、受理されなかった。そして、大仏維貞《これさだ》の死去によって空席となっていた連署には、北条茂時《しげとき》が補任されていた。一三三一年の騒動で得宗高時の権威が失墜してしまうと、鎌倉幕府を引っ張っていく力をもつのは得宗家執事として北条家を主導する実権をもつ長崎氏となった。

京都の合戦

鎌倉の政変が伝わると、後醍醐天皇は八月二十四日に京都を脱出して、笠置《かさぎ》山《やま》に籠もった。知らせを受けた鎌倉幕府は、承久《じょうきゅう》の乱《らん》の先例にならって上洛軍を派遣した。また、安達高景《たかかげ》・二階堂道蘊を上洛させて、持明院統と量仁親王践祚《せんそ》の打合わせを進めた。ようやく、鎌倉幕府は後醍醐天皇を退位させる決断をしたのである。

鎌倉幕府の支持を受けた光厳《こうごん》天皇は、一三三一(元徳三)年九月二十日に践祚を行い、後伏見院政《いんせい》が始まった。笠置城は九月二十八日に落城し、後醍醐天皇は山城国《やましろのくに》御家人深栖《みす》入道・松井《まつい》蔵人《くろうど》に捕えられた。後醍醐天皇がもちだした剣璽《けんじ》は、十月六日に光厳天皇に渡されている。楠木正成《くすのきまさしげ》の籠もる赤坂《あかさか》城も十月二十一日に落城し、第一次の内乱は終息した。

十一月八日には、康仁王の親王宣下と立太子が行われた。後伏見院政のもと、持明院統の光厳天皇と大覚寺統の東宮康仁親王がならぶことで、両統迭立《りょうとうてつりつ》は安定した形に戻ることができた。

しかし、後醍醐天皇を支持したのは、公家《くげ》政権と鎌倉幕府が維持しようとした社会体制を抑圧と考える人びとであり、回帰すべき安定は旧体制が実力で新興勢力をおさえた状態であった。社会の底流に流れる不満を解消しないかぎり、後醍醐天皇という象徴をえた不満分子をしずめることはできなかった。

一三三二(正慶《しょうきょう》元)年六月、大塔宮護良《だいとうのみやもりよし》親王の舅竹原八郎《たけはらはちろう》入道が伊勢《いせ》国守護《しゅご》代宿所《だいしゅくしょ》を襲撃した。伊勢国守護金沢貞顕は、守護代に被官人の親政《ちかまさ》を派遣していた。十二月、楠木正成が河内《かわち》国で挙兵して赤坂城を攻め落とし、一三三三

(正慶二)年正月には天王寺《てんのうじ》まで進出して六波羅探題と衝突した。六波羅探題は六波羅検断頭人《けんだんとうにん》▲隅田次郎左衛門《すだじろうさえもん》・高橋刑部左衛門《たかはしぎょうぶさえもん》を派遣したが鎮圧できず、宇都宮公綱《うつのみやきんつな》を派遣してようやく退けることができた。楠木正成も、坂東武者《ばんどうむしゃ》が得意とする騎馬戦の有効な平野部に進出することは危険と考え、天王寺を示威行動の北限と考えていた。六波羅探題が楠木氏を鎮圧できないため、鎌倉幕府は第二次の上洛軍を派遣した。この軍勢は二月五日に楠木正成が籠もる千早《ちはや》城を囲んだが、大鎧《おおよろい》を着たまま急斜面をのぼる山岳戦になったことから、攻めあぐねることになった。熊野《くまの》では、大塔宮護良親王が遊撃戦を続けていたので、幕府軍は小部隊の移動や兵糧《ひょうろう》の輸送で被害を受けることになった。千早城を囲む軍勢がとけるように減っていったのも、合戦《かっせん》が長期化して死者や病人が多くでたこと、兵糧が底をついて領地に帰る者が続いたためである。

一三三三年四月二十七日の八幡《やはた》・山崎《やまざき》合戦では、赤松則村《あかまつのりむら》▲の一族佐用範家《さよのりいえ》▲は強弓で知られていたにもかかわらず、鎧を脱いで畦道《あぜみち》を伝い、藪《やぶ》をもぐって、畦の陰に伏して大将首を狙おうとした。その前にあらわれたのが、鳥羽作道《とばのつくりみち》から久我畷《こがなわて》に軍勢を進めた大手の総大将名越高家《たかいえ》であった。名越高家は総大将

▼六波羅検断頭人　南北両探題から一人ずつ任命され、在京人や篝屋守護人《かがりやしゅごにん》を率いて洛中《らくちゅう》の検断をつかさどる役職。戦時には、六波羅探題の軍勢を率いる大将となった。

▼赤松則村　一二七七〜一三五〇年。赤松茂則《しげのり》の子、法名円心《えんしん》。護良親王の令旨《りょうじ》を受けて挙兵し、六波羅探題を攻めた。建武政権の内訌で護良親王が失脚したことをいきどおり、領地に帰った。足利尊氏《たかうじ》が建武政権に反旗をひるがえすと、赤松氏は足利方の立場を鮮明にした。

▼佐用範家　生没年未詳。赤松氏の一族で、播磨《はりま》国佐用郡の辺りを本拠地とした。一三三三(正慶二)年四月二十七日の八幡・山崎合戦では、野伏戦をしかけて幕府軍の総大将名越高家を討ち取った。

の威厳を示すために着飾っていたので、佐用範家の野伏戦《のぶせりいくさ》に嵌《はま》ってしまったのである。六波羅探題は個々の合戦には負けなかったが、合戦の長期化によって軍勢が減りはじめた。危急を聞いて駆けつけてきた御家人たちのうちには、長びく戦に兵糧が不足し、領地に帰る者がでてきたためである。六波羅探題は、合戦に勝つものの軍勢の減っていく異常事態が起き、最後は足利高氏《あしかがたかうじ》の離反にあって、近江《おうみ》国番場《ばんば》(現、滋賀県米原《まいばら》市)で壊滅することになった。

京都の合戦を詳細にみると、幕府軍は健闘したといえる。後醍醐天皇方の軍勢は通常の野戦になると騎馬武者の弓戦に歯が立たず、御家人を馬からおろして山岳戦に引きずり込んだり、野伏戦と呼ばれる非正規戦に引きずり込んで損耗を強いたりと、幕府軍をすりつぶして勝ったのである。

鎌倉合戦

千早城攻めに加わっていた新田義貞《にったよしさだ》▲は、埒《らち》の明かない合戦を繰り返す上洛軍に嫌気がさしていたところに後醍醐天皇綸旨《りんじ》を給わり、仮病を使って帰国の許可をもらった。領地に戻ったところで、鎌倉幕府から上洛軍に送る兵粮米《ひょうろうまい》徴収

▼**新田義貞**　一三〇一〜三八年。新田朝氏《ともうじ》の嫡子。鎌倉幕府の有徳《うとく》銭《せん》徴収に抗議して挙兵し、一三三三(正慶二)年五月二十二日に鎌倉を攻め落とした。建武政権では足利尊氏の対抗馬として重く用いられ、南朝の中心勢力となっていった。

の使者が新田荘《しょう》にはいって来たので、幕府の文官紀親連《ぶんかんきのちかつら》▲を捕縛し、得宗被官黒《くろ》沼《ぬま》彦《ひこ》四郎《しろう》入道の頸《くび》を刎《は》ねて挙兵した。新田義貞の挙兵は、現場の小競合いから暴発し、成り行きから主役に躍り出たというのが現実の展開だったのであろう。坂東の御家人たちが義貞の挙兵に呼応したのは、長雨など冷害に苦しむところに合戦の費用が嵩《かさ》んで経営が苦しくなり、さらに、際限のない戦費調達が続いたためであろう。

地方の疲弊が顕著になってきたにもかかわらず、鎌倉幕府も北条氏も年貢《ねんぐ》や関東御公事《みくうじ》の賦課を続けたので、武家《ぶけ》の都《みやこ》鎌倉は繁栄を続けていた。鎌倉幕府が分倍河原《ぶばいがわら》合戦の敗北まで事態を軽くみていたことは、鎌倉の街で仕事をする首脳部が御家人の疲弊を頭で理解していても、実感としてもっていなかったことの証といえる。

一三三三(正慶二)年五月の鎌倉合戦は、北条氏・幕府首脳部と、後醍醐天皇を権威としてかつぐ新田義貞・足利義詮《あしかがよしあきら》▲に味方した御家人たちの戦いとなった。『太平記』巻第十「鎌倉合戦ノ事」は、五月十八日から二十二日にいたる五日間の死闘を、「義ヲ重ジ、命ヲ軽ジテ、安否ヲ一時ニ定メ、剛臆《ごうおく》ヲ累代《るいだい》ニ残ス

▼紀親連　生没年未詳。平政《たいらのまさ》連《つら》の子で、紀奉忠《ともただ》の養子。鎌倉幕府の奉行人《ぶぎょうにん》。上野《こうずけ》国新田荘に有徳銭徴収のため入部し、新田義貞に捕縛される。父平政連は、一三〇八(徳治《とくじ》三)年に得宗北条貞時を諫めた「平政連諫草」の起草者である。

▼足利義詮　一三三〇〜六七年。室町幕府の二代将軍。元弘の変で足利高氏が軍勢を率いて上洛したとき、高氏の子は人質として鎌倉に残された。嫡子竹王《たけおう》は京都への脱出をめざして長崎高泰《たかやす》に討たれたが、千寿王《せんじゅおう》(義詮)は大蔵谷《おおくらがやつ》を脱出して新田義貞の軍勢に合流した。

ベキ合戦ナレバ、子討タル共扶《たす》ケズ、親ハ乗越テ前ナル敵ニ懸リ、主射落サル共引キ起サズ、郎等《ろうとう》ハソノ馬ニ乗テ懸ケ出デ、或ハ引組デ勝負ヲスルモアリ、或ハ打替テ共ニ死スルモアリケリ、ソノ猛卒ノ機ヲ見ニ、万人死シテ一人残リ、百陣破テ一陣ニ成ル共、イツ終ルベキ軍トハ見ヘザリケリ」と表現している。鎌倉合戦が畿内《きない》の合戦と根本的に異なるのは、守る北条方が守りきるか死ぬかという思いで死守の態勢にはいり、攻める新田方が坂東武者の名誉をかけた一戦と考えたことで、正面からのぶつかり合いになったことである。

　鎌倉合戦は、洲崎《すざき》から小袋坂切通《こぶくろざかきりとおし》にいたる北方正面、化粧坂《けわいざか》切通が主戦場となった中央正面、稲村《いなむら》ヶ《が》崎《さき》・仏法寺《ぶっぽうじ》・極楽寺《ごくらくじ》切通が主戦場となった南方正面と三正面の戦場に分かれた。北側は、赤橋守時が鎌倉と山内《やまのうち》の街を守るために洲崎まで前進して陣をしいたことで新田方の堀口貞満《ほりぐちさだみつ》▲・大嶋守之《おおしまもりゆき》率いる軍勢の波状攻撃を受け、一昼夜におよぶ激戦の末に壊滅した。守時を破った新田勢は北条氏の本拠地山内の市街まで進出したところで、小袋坂切通の守りについた金沢貞将の軍勢とぶつかることになった。貞将は切通を陣地として戦ったので、鎌倉の守りがくずれる五月二十二日まで堅守した。化粧坂切通は、はじめ新田

▼**堀口貞満**　一二九七～一三三八年。新田義貞の武将《ぶしょう》。一三三三(正慶二)年五月の鎌倉合戦では、小袋坂の攻め口を受け持つ。建武政権では、美濃守《みののかみ》に補任された。北畠顕家《きたばたけあきいえ》の上洛軍に参加したが、美濃国から西上するなかで討死した。

▼**金沢越後左近大夫将監**　北条顕時の子どもの世代と考えられるが、実名は不詳。鎌倉合戦では化粧坂の防備についたが、その最期は記されていない。一三三五(建武二)年に長門《ながと》国で金沢氏残党が蜂起したときに越後左近入道の名前がみえ、同一人物の可能性がある。

稲村ヶ崎　一三三三(正慶二)年五月の鎌倉合戦の勝敗を決めた激戦地である。大仏貞直の軍勢は極楽寺切通から稲村ヶ崎にいたる霊山《りょうぜん》山《さん》に陣取り、守りを固めた。新田義貞は、霊山山にあった極楽寺の子院仏法寺をとるべく、激しく攻めることになる。

義貞が主力を率いて攻めたが、ここを守るのは、普恩寺《ふおんじ》基時《もととき》・金沢越後《えちご》左近《さこん》大《たい》夫《ふ》将監《しょうげん》▲など分家を集めた軍勢であった。五月十八日に南側の海岸線を突破した新田方の総大将大館宗氏《おおだてむねうじ》が討死すると、義貞は主力を南側に移した。その後、化粧坂切通の戦いは消耗戦となり、稲村ヶ崎が突破された五月二十二日には敵中に取り残されて、基時たちは高時と合流できなくなった。最後、基時は普恩寺に戻って自害、金沢越後左近大夫将監は残兵を率いて脱出をはかった。

新田義貞が主力を率いて突破をはかった南側の海岸線では、初日に大館宗氏が稲村ヶ崎を突破して前浜《まえはま》まで進んだものの、駆けつけた本間山城左衛門《ほんまやましろさえもん》の軍勢と浜でぶつかり、追撃してきた大仏貞直の本隊とに挟撃され、宗氏が討死して壊滅した。宗氏討死を聞いた新田義貞が主力を極楽寺切通に移したことで、鎌倉攻防戦の帰趨は極楽寺切通と稲村ヶ崎に挟まれた丘陵上の極楽寺の子院仏《しいんぶつ》法寺《ぽうじ》をめぐる攻防となった。新田方も北条方もこの山をめぐる戦いで多くの死者をだしたが、それぞれが駆けつけてきた人びとを増援として投入したので、死闘が繰り返された。五月二十一日の夜から翌二十二日朝にかけての合戦で大仏貞直の軍勢がついに底をつき、稲村ヶ崎が突破されたのである。

高時・貞顕の最期

新田勢が鎌倉に突入して市街に火を放つと、小町《こまち》の北条高時亭も延焼した。高時は滑川《なめりかわ》を渡って葛西谷《かさいがやつ》の東勝寺《とうしょうじ》に本陣《ほんじん》を移し、東勝寺前面で最後の陣容を整えた。このときまで高時に従った人びとは一〇〇〇余人、長崎高重《たかしげ》が精鋭を選って突出した最後の攻撃は新田義貞の本隊めざして行われた。この戦いが掉尾《とうび》の一戦となって、高時以下の人びとは東勝寺で自害をとげることになった。鎌倉にいた金沢氏の一族は、貞顕とともに東勝寺に移った人びとと、貞将とともに小袋坂で討死した人びとに分かれた。ただ、顕瑜《けんゆ》▲のみは法灯を守るために西御門御房《にしみかどごぼう》を離れず、隠遁《いんとん》することになった。

新田勢は鎌倉を西側から攻めたので、東側の朝比奈《あさひな》切通側はあいていたが、高時に従う人びとは東側からの脱出を考えなかったようである。北条氏は伊豆《いず》国の出であるが、三代執権泰時《やすとき》以後は鎌倉生まれの鎌倉育ちとなっていた。泰時が相模《さがみ》国山内荘を開発して山内殿《どの》を構えてからは、山内荘を本拠地とするようになっていた。五月十八日の洲崎合戦で、赤橋守時が退却を口にせずに洲崎で壊滅したのも山内を守るためと考えれば首肯できる。鎌倉育ちの都会人高時

▼**顕瑜**　一二八六年〜?。北条顕景《あきかげ》の子。天台宗寺門派《てんだいしゅうじもん》の僧で、鶴岡《つるがおか》社務・園城寺《おんじょうじ》長吏をかねた金沢貞顕の兄顕弁《けんべん》の後継者と考えられる人物。将軍家の護持僧《ごじそう》をつとめた。顕弁の四十九日回向《えこう》などをつとめ、西御門御坊を継承した。鎌倉幕府滅亡後は隠居し、まもなくなったものと思われる。

東勝寺跡　北条氏一門最期の地となった東勝寺の跡。東勝寺は、得宗家小町亭の東側、滑川の対岸にあった。東勝寺の奥に、北条高時腹切りやぐらの伝承地がある。

は、鎌倉・山内の街を離れて落ち延びる気がなかったのである。『太平記』は、北条高時が長崎高綱とその孫長崎新左衛門《しんさえもん》の自害をみて、今が死ぬべきときと判断して腹を切ったと記している。安達時顕もまた、高時の自害を確認したのちに自害した。これが合図となって人びとが自害し、鎌倉幕府は滅亡した。『太平記』は、東勝寺前面の戦いで長崎高重が活躍するあたりから長崎氏の動向が叙述の中心になっている。高綱が一族の最期を伝えるために鎌倉を脱出させた使者が地方に残る人びとに伝えたのであろう。

最後にコメントすると、小手先の改革と景気浮揚に終始して不必要な消耗を繰り返してきたバブル崩壊後の政治経済をみてきた世代からみると、外部との摩擦を回避して鎌倉の平和と安定を維持しようとした北条高時政権の穏和な政治は、衰退期の社会にあって賢明な選択肢の一つであったと感覚的に理解できる。残されたエネルギーを使いつくして国を滅ぼした暴君の道をあゆまなかった北条高時という人に共感をもてるのは、文化的には成熟してはいるが、社会的には不幸な時代なのかもしれない。

関係系図

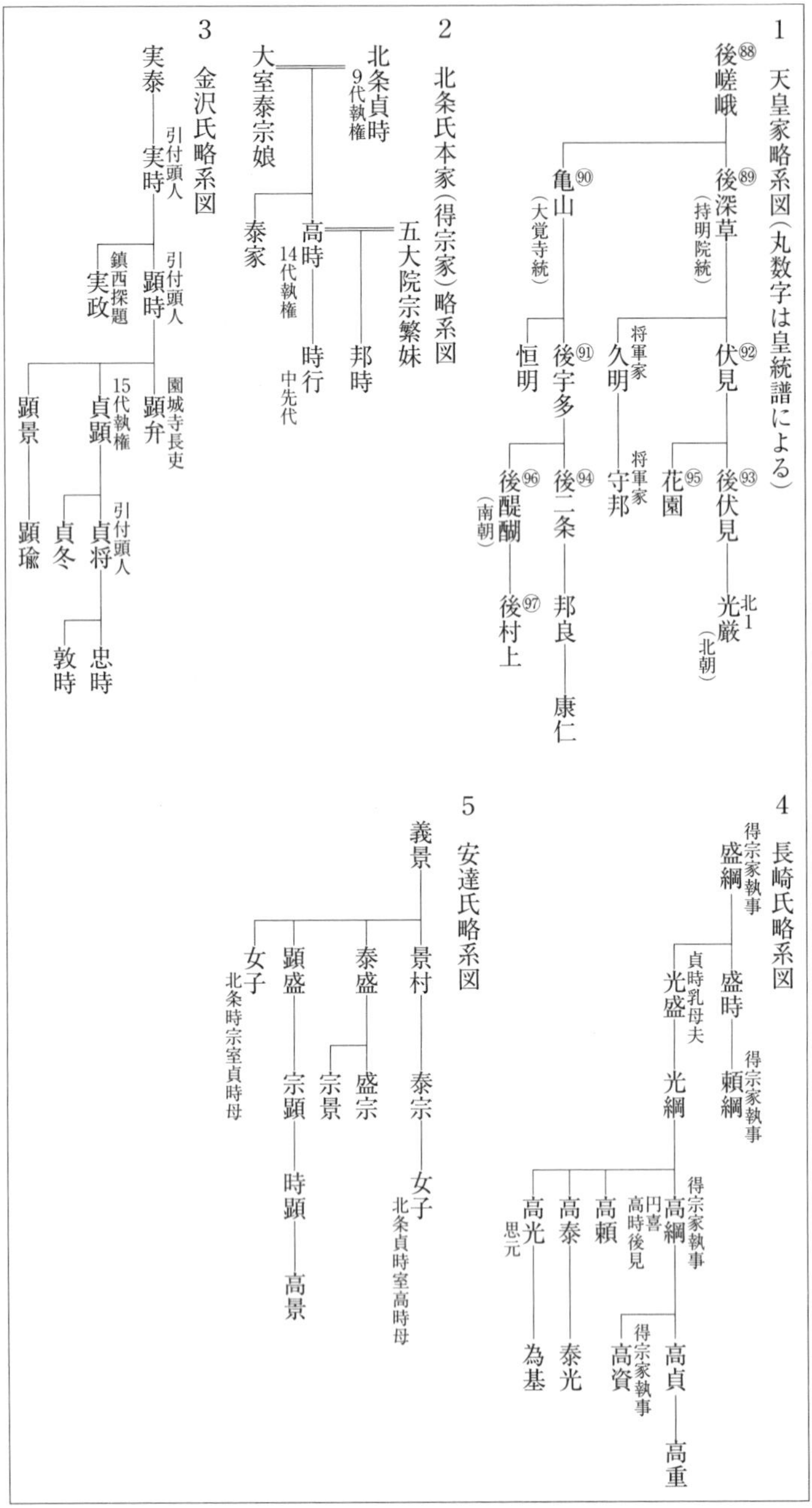

1 天皇家略系図(丸数字は皇統譜による)
後嵯峨⑧⑧
後深草⑧⑨(持明院統)
亀山⑨⓪(大覚寺統)
伏見⑨②
将軍家 久明
後宇多⑨①
恒明
後伏見⑨③
花園⑨⑤
将軍家 守邦
後二条⑨④
後醍醐⑨⑥(南朝)
光厳 北1(北朝)
邦良
後村上⑨⑦
康仁
2 北条氏本家(得宗家)略系図
北条貞時 9代執権
大室泰宗娘
五大院宗繁妹
高時 14代執権
泰家
邦時
時行 中先代
3 金沢氏略系図
実泰
引付頭人 実時
引付頭人 顕時
鎮西探題 実政
園城寺長吏 顕弁
15代執権 貞顕
顕景
引付頭人 貞将
貞冬
顕瑜
忠時
敦時
4 長崎氏略系図
得宗家執事 盛綱
盛時
貞時乳母夫 光盛
得宗家執事 頼綱
光綱
得宗家執事 高綱 円喜
高時後見 高頼
高泰
高光 思元
高貞
得宗家執事 高資
泰光
為基
高重
5 安達氏略系図
義景
景村
泰盛
顕盛
女子 北条時宗室貞時母
泰宗
盛宗
宗景
宗顕
女子 北条貞時室高時母
時顕
高景

版会, 2000年
森茂暁『鎌倉時代の朝幕関係』思文閣出版, 1991年
吉野正敏・安田喜憲編『講座 文明と環境　第6巻 気候の歴史』朝倉書店, 1995年

写真所蔵・提供者一覧(敬称略, 五十音順)
馬の博物館　　p. 49上
神奈川県立金沢文庫　　p. 37上, 62上, 71上
宮内庁三の丸尚蔵館　　p. 37下, 49下
埼玉県立歴史と民俗の博物館　　カバー表, p. 7上
称名寺(神奈川県立金沢文庫写真提供)　　カバー裏, p. 28, 43, 62下
東京国立博物館・Image: TNM Image Archives　　p. 71下
長野県立歴史館　　p. 17
室井満好(上杉明撮影)　　p. 47
湯口聖子(秋田書店『夢語りシリーズ5　風の墓標』より)　　p. 7下
個人　　扉

参考文献

青野靖之『古記録によるサクラの開花データに基づく春季気温の気候復元』研究代表者＝青野靖之，財団法人福武学術文化振興財団研究助成歴史学平成16年度研究成果報告書，2006年

天野文雄「鎌倉末期の田楽界と相模入道高時―東大寺文書の田楽関係史料をめぐって―」『芸能史研究』168号，2005年

網野善彦『異形の王権』平凡社，1986年

新井孝重『悪党の世紀』歴史文化ライブラリー，吉川弘文館，1997年

飯倉晴武『地獄を二度もみた天皇，光厳院』歴史文化ライブラリー，吉川弘文館，2002年

池谷初恵「伊豆における北条氏の館跡について」『金沢文庫研究』321号，2008年

岩橋小弥太『花園天皇』人物叢書，吉川弘文館，1962年

筧雅博「正中の変前後の情勢をめぐって」『金沢文庫研究』322号，2009年

神奈川県立金沢文庫編『特別展図録　中世の占い』同，1989年

神奈川県立金沢文庫編『テーマ展図録　紙背文書の世界』同，2000年

神奈川県立金沢文庫編『没後七〇〇年　北条顕時―金沢北条氏二代―』同，2001年

神奈川県立金沢文庫編『特別展図録　鎌倉幕府滅亡』同，2003年

神奈川県立金沢文庫編『特別展図録　十五代執権金沢貞顕の手紙』同，2004年

神奈川県立金沢文庫編『特別展図録　鎌倉北条氏の興亡』同，2007年

鎌倉国宝館編『北条氏ゆかりの文化財―時頼・時宗から高時まで―』同，2000年

衣川仁『中世寺院勢力論』吉川弘文館，2007年

仙台管区気象台編『東北の気候』同，1953年

谷口研吾『犬の文化史―人間と共に歩んだ一万年の物語―』PHP新書，2000年

永井晋「天王寺の妖霊星」『歴史学研究　月報』378号，1991年

永井晋「『吾妻鏡』にみえる鶴岡八幡宮放生会」『神道宗教』172号，1998年

永井晋「鎌倉幕府将軍家論―源家将軍と摂家将軍の関係を中心に―」『国史学』176号，2002年

永井晋『金沢貞顕』人物叢書，吉川弘文館，2003年

永井晋「中世前期の天文と国家」『環境と心性の文化史　上』勉誠出版，2003年

永井晋『金沢北条氏の研究』八木書店，2006年

永井晋「中世都市鎌倉の発展―小袋坂と六浦―」『北条時政の時代』八木書店，2008年

福島金治『金沢北条氏と称名寺』吉川弘文館，1997年

福島金治「得宗専制政治―金沢貞顕書状からみた執権高時とその周辺―」佐藤和彦編『北条高時のすべて』新人物往来社，1997年

藤田弘男『都市と権力―飢餓と飽食の歴史社会学―』創文社，1991年

北条氏研究会編『北条氏系譜人名辞典』新人物往来社，2001年

細川重男『鎌倉政権得宗専制論』吉川弘文館，2000年

細川重男「秋田城介安達時顕―得宗外戚家の権威と権力―」『鎌倉北条氏の神話と歴史―権威と権力―』日本史史料研究会，2007年

本郷和人『中世朝廷訴訟の研究』東京大学出版会，1995年

百瀬今朝雄『弘安書札礼の研究―中世公家社会における家格の桎梏―』東京大学出

金沢貞顕とその時代

西暦	年号	齢	おもな事項
1278	弘安元	1	この年，金沢貞顕誕生
1285	8	8	*11-17* 霜月騒動，貞顕乳母夫富谷左衛門入道に庇護される
1293	永仁元	16	*4-22* 平禅門の乱，北条顕時，鎌倉の政界に復帰を果たす
1294	2	17	*12-16* 貞顕，左衛門尉・東二条院蔵人に補任
1296	4	19	*4-12* 貞顕，従五位下に叙す。*4-24* 貞顕，右近将監に補任。*5-15* 貞顕，左近将監に転任。この年ごろ，中世温暖期から小氷期への気候変動が起こる
1300	正安 2	23	*12-1* 貞顕，従五位上に昇進
1301	3	24	*3-28* 父北条顕時卒去，貞顕家督を継承する。*11-* 北条政顕，鎮西探題に補任
1302	乾元元	25	*7-7* 貞顕，六波羅探題南方として上洛。*8-11* 貞顕，中務大輔に補任
1304	嘉元 2	27	*6-2* 貞顕，越後守に補任。*6-13* 称名寺長老審海入滅
1305	3	28	*4-23* 嘉元の乱起こる，貞顕の舅北条時村誅殺される
1307	徳治 2	30	*1-29* 貞顕，正五位下に昇進
1308	延慶元	31	*11-* 釼阿，称名寺二世長老に就任
1309	2	32	*3-15* 貞顕，引付頭人に就任。*4-9* 貞顕，寄合衆に加わる
1310	3	33	*6-25* 貞顕，六波羅探題北方に就任。*6-28* 貞顕，右馬権頭に補任
1311	応長元	34	*10-24* 貞顕，武蔵守補任
1315	正和 4	38	*7-11* 貞顕，連署就任
1316	5	39	*7-10* 貞顕，連署留任。*12-24* 貞顕，従四位下昇進
1317	文保元	40	*3-16* 貞顕，文保の和談で上洛する摂津親鑒慰労の茶会を催す
1319	元応元	42	*2-12* 貞顕，従四位上昇進。*4-* 文保の園城寺戒壇問題起こる。園城寺別当は貞顕の兄顕弁
1322	元亨 2	45	*9-17* 貞顕，修理権大夫補任。*10-27* 顕弁，鶴岡社務に補任
1323	3	46	*2-24* 称名寺で結界作法が行われる
1326	嘉暦元	49	*3-16* 貞顕，執権に就任，同26日辞任して出家，法名崇顕
1327	2	50	*9-23* 顕弁，園城寺長吏に就任
1331	元徳 3	54	*8-* 鶴岡社務顕弁入滅。*10-21* 金沢貞冬ほか，楠木正成の赤坂城を攻め落とす
1332	正慶元	55	*6-29* 伊勢国守護所が宮方の竹原八郎入道に襲撃される
1333	2	56	*1-* 貞顕の孫敦時，伊勢国に派遣される。*5-22* 鎌倉幕府滅亡，貞顕は高時とともに東勝寺で自害。*5-25* 吉見円忠《よしみえんちゅう》，伊勢国の北条氏与党を討伐する
1345	康永 4		*5-22* 称名寺，金沢貞顕十三回忌を行う

北条高時とその時代

西暦	年号	齢	おもな事項
1301	正安3		*8-23* 九代執権北条貞時出家，法名崇暁
1303	嘉元元	1	*12-2* 北条高時誕生
1309	延慶2	7	*1-21* 北条高時元服
1311	応長元	9	*1-17* 北条高時，小侍所別当に補任。*6-23* 北条高時叙爵，左馬権頭補任。*10-26* 北条貞時卒去，高時家督継承
1313	正和2	11	*2-* 家例によって金字般若心経を書写
1316	5	14	*1-5* 北条高時，従五位上昇進。*7-10* 北条高時，執権就任
1317	文保元	15	*3-10* 北条高時，相模守に補任。*10-9* 北条高時，正五位下に昇進
1318	2	16	*2-17* 北条高時，伊豆・箱根・三島の三所を詣でる。*2-26* 後醍醐天皇践祚
1321	元亨元	19	*12-9* 後宇多院政を止め，後醍醐天皇親政を始める
1322	2	20	この年から奥州の騒乱激化。この年，厳しい寒さを迎える
1324	正中元	22	*5-19* 鶴岡社務顕弁，北条高時亭で蝦夷静謐の祈禱を行う。*9-9* 正中の変起こる
1325	2	23	*11-22* 高時の長子邦時が誕生する
1326	嘉暦元	24	*3-13* 高時，病のため執権を辞して出家，法名崇鑑。*3-20* 東宮邦良親王が薨去，これによって皇位継承問題激化
1327	2	25	*3-5* 北条高時，伊豆・箱根・三島の三所を詣でる
1328	3	26	*10-* 奥州の騒乱は和談が成立する
1329	元徳元	27	*1-30* 金沢貞顕が，北条高時の病が癒え，今日は一日田楽を楽しんだと書状に書く。*12-22* 今年誕生した高時の男子，佐々目《さ さ め》有助の坊にはいる
1330	2	28	*1-* 北条高時が招聘した明極楚俊が後醍醐天皇に拝謁。この年，高時，東大寺手掻会田楽法師の選任に口入する
1331	3	29	*7-14* 高時の女子誕生。*8-6* 高時が長崎高頼らとはかった長崎高資暗殺の陰謀が露見し，権威を失墜させる。*9-2* 後醍醐天皇挙兵鎮圧のため，京都に軍勢を上洛させる。*9-20* 光厳天皇践祚。*9-28* 上洛軍，笠置城を攻め落とし，後醍醐天皇を捕える。*12-15* 北条邦時元服
1333	正慶2	31	*3-7* 後醍醐天皇を隠岐国に流す。*5-8* 六波羅探題滅亡。*5-22* 鎌倉幕府滅亡，高時以下一門が東勝寺で自害
1335	建武2		*7-* 北条時行，与党を率いて鎌倉を奪還する(中先代の乱)
1345	貞和元		*7-18* 時行，新田氏とともに鎌倉を占領する(正平の一統)
1352	文和元		*8-12* 北条高時母覚海円成《かくかいえんじょう》，伊豆国円成寺でなくなる

永井 晋（ながい すすむ）
1959年生まれ
國學院大學大学院博士課程後期中退（文学修士）
國學院大學博士（歴史学）
専攻，日本中世史
神奈川県立金沢文庫主任学芸員を経て，
現在，関東学院大学客員教授
主要著書
『鎌倉幕府の転換点―吾妻鏡を読み直す』
（NHK出版2000，吉川弘文館2009復刊）
『人物叢書　金沢貞顕』（吉川弘文館2003）
『金沢北条氏の研究』（八木書店2006）
『源頼政と木曽義仲―勝者になれなかった源氏』（中公新書2015）
『平氏が語る源平争乱』（吉川弘文館2019）

日本史リブレット人 035
北条高時《ほうじょうたかとき》と金沢貞顕《かねさわさだあき》
やさしさがもたらした鎌倉幕府滅亡
2009年10月26日　1版1刷　発行
2019年12月20日　1版3刷　発行
著者：永井《ながい》 晋《すすむ》
発行者：野澤伸平
発行所：株式会社 山川出版社
〒101－0047　東京都千代田区内神田1－13－13
電話　03(3293)8131（営業）
03(3293)8135（編集）
https://www.yamakawa.co.jp/
振替　00120-9-43993
印刷所：明和印刷株式会社
製本所：株式会社 ブロケード
装幀：菊地信義

Printed in Japan ISBN 978-4-634-54835-0

日本史リブレット 人

1 卑弥呼と台与 —— 仁藤敦史
2 倭の五王 —— 森 公章
3 蘇我大臣家 —— 佐藤長門
4 聖徳太子 —— 大平 聡
5 天智天皇 —— 須原祥二
6 天武天皇と持統天皇 —— 義江明子
7 聖武天皇 —— 寺崎保広
8 行基 —— 鈴木景二
9 藤原不比等 —— 坂上康俊
10 大伴家持 —— 鐘江宏之
11 桓武天皇 —— 西本昌弘
12 空海 —— 曾根正人
13 円仁と円珍 —— 平野卓治
14 菅原道真 —— 大隅清陽
15 藤原良房 —— 今 正秀
16 宇多天皇と醍醐天皇 —— 川尻秋生
17 平将門と藤原純友 —— 下向井龍彦
18 源信と空也 —— 新川登亀男
19 藤原道長 —— 大津 透
20 清少納言と紫式部 —— 丸山裕美子
21 後三条天皇 —— 美川 圭
22 源義家 —— 野口 実
23 奥州藤原三代 —— 斉藤利男
24 後白河上皇 —— 遠藤基郎
25 平清盛 —— 上杉和彦
26 源頼朝 —— 高橋典幸
27 重源と栄西 —— 久野修義
28 法然 —— 平 雅行
29 北条時政と北条政子 —— 関 幸彦
30 藤原定家 —— 五味文彦
31 後鳥羽上皇 —— 杉橋隆夫
32 北条泰時 —— 三田武繁
33 日蓮と一遍 —— 佐々木馨
34 北条時宗と安達泰盛 —— 福島金治
35 北条高時と金沢貞顕 —— 永井 晋
36 足利尊氏と足利直義 —— 山家浩樹
37 後醍醐天皇 —— 本郷和人
38 北畠親房と今川了俊 —— 近藤成一
39 足利義満 —— 伊藤喜良
40 足利義政と日野富子 —— 田端泰子
41 蓮如 —— 神田千里
42 北条早雲 —— 池上裕子
43 武田信玄と毛利元就 —— 鴨川達夫
44 フランシスコ＝ザビエル —— 浅見雅一
45 織田信長 —— 藤田達生
46 徳川家康 —— 藤井讓治
47 後水尾天皇と東福門院 —— 山口和夫
48 徳川光圀 —— 鈴木暎一
49 徳川綱吉 —— 福田千鶴
50 渋川春海 —— 林 淳
51 徳川吉宗 —— 大石 学
52 田沼意次 —— 深谷克己
53 遠山景元 —— 藤田 覚
54 酒井抱一 —— 玉蟲敏子
55 葛飾北斎 —— 小林 忠
56 塙保己一 —— 高埜利彦
57 伊能忠敬 —— 星埜由尚
58 近藤重蔵と近藤富蔵 —— 谷本晃久
59 二宮尊徳 —— 舟橋明宏
60 平田篤胤と佐藤信淵 —— 小野 将
61 大原幽学と飯岡助五郎 —— 高橋 敏
62 ケンペルとシーボルト —— 松井洋子
63 小林一茶 —— 青木美智男
64 鶴屋南北 —— 諏訪春雄
65 中山みき —— 小澤 浩
66 勝小吉と勝海舟 —— 大口勇次郎
67 坂本龍馬 —— 井上 勲
68 土方歳三と榎本武揚 —— 宮地正人
69 徳川慶喜 —— 松尾正人
70 木戸孝允 —— 一坂太郎
71 西郷隆盛 —— 徳永和喜
72 大久保利通 —— 佐々木克
73 明治天皇と昭憲皇太后 —— 佐々木隆
74 岩倉具視 —— 坂本一登
75 後藤象二郎 —— 鳥海 靖
76 福澤諭吉と大隈重信 —— 池田勇太
77 伊藤博文と山県有朋 —— 西川 誠
78 井上馨 —— 神山恒雄
79 河野広中と田中正造 —— 田崎公司
80 尚泰 —— 川畑 恵
81 森有礼と内村鑑三 —— 狐塚裕子
82 重野安繹と久米邦武 —— 松沢裕作
83 徳富蘇峰 —— 中野目徹
84 岡倉天心と大川周明 —— 塩出浩之
85 渋沢栄一 —— 井上 潤
86 三野村利左衛門と益田孝 —— 森田貴子
87 ボアソナード —— 池田眞朗
88 島地黙雷 —— 山口輝臣
89 児玉源太郎 —— 大澤博明
90 西園寺公望 —— 永井 和
91 桂太郎と森鷗外 —— 荒木康彦
92 高峰譲吉と豊田佐吉 —— 鈴木 淳
93 平塚らいてう —— 差波亜紀子
94 原敬 —— 季武嘉也
95 美濃部達吉と吉野作造 —— 古川江里子
96 斎藤実 —— 小林和幸
97 田中義一 —— 加藤陽子
98 松岡洋右 —— 田浦雅徳
99 溥儀 —— 塚瀬 進
100 東条英機 —— 古川隆久

〈白ヌキ数字は既刊〉